AF396887

DROIT SOCIAL

Permis d'imprimer

Langres, le 21 Septembre 1906.

† SÉBASTIEN,

Évêque de Langres.

Permis d'imprimer

Paris, le 13 Octobre 1906.

G. LEFEBVRE

Vic. gén.

DROIT SOCIAL

LA FAMILLE, LES ASSOCIATIONS
L'ÉTAT, L'ÉGLISE

LEUR ORGANISATION ET LEURS RAPPORTS MUTUELS

Par E. VALTON

DOCTEUR EN DROIT CANONIQUE, EN THÉOLOGIE
ET EN PHILOSOPHIE
PROFESSEUR AU GRAND SÉMINAIRE DE LANGRES

PARIS (VIᵉ)

P. LETHIELLEUX, LIBRAIRE-ÉDITEUR

10, RUE CASSETTE, 10

ÉVÊCHÉ
DE
LANGRES

—

Langres, le 21 Septembre 1906,
En la fête de S. Matthieu.

Cher Monsieur l'Abbé,

C'est bien volontiers que je vous accorde l'approbation que vous m'avez demandée pour votre *Manuel de Droit social Chrétien.*

Cet ouvrage a, à mes yeux, trois grands mérites.

L'opportunité d'abord. Inconnus des uns, les principes du droit social chrétien sont, aujourd'hui, méconnus par les autres. Rien ne pouvait être plus utile que de les apprendre à *ceux qui les ignorent et de les rappeler à ceux qui les foulent aux pieds.*

L'exposé que vous en faites, au surplus, se distingue par une qualité qui, si j'en juge par moi-même, sera vivement appréciée de vos lecteurs : il est d'une extrême clarté. Votre plan est aussi logique que vos développements sont lumineux, et quand on vous a lu, il reste dans l'esprit sur toutes les hautes questions dont vous abordez l'étude, des idées tout à fait précises.

J'ajoute qu'à ces idées, le lecteur peut adhérer sans crainte. C'est à la source la plus pure, c'est dans les Encycliques des Papes et dans les leçons de ceux qui enseignent, sous leurs yeux, dans les chaires des Universités romaines que vous êtes allé les puiser. Votre livre est donc d'une parfaite sûreté doctrinale.

Avec de pareilles qualités, il ne saurait manquer de faire son chemin.

Je l'appelais tout à l'heure un Manuel.

Je souhaite qu'il réalise ce nom et qu'il

passe bien vite aux mains des deux classes d'hommes auxquels vous le destinez : les prêtres et les laïques chrétiens.

Pour les uns et pour les autres il sera un excellent guide.

Recevez, cher Monsieur l'Abbé, la nouvelle assurance de mon paternel dévouement en N. S. J.-C.

† Sébastien, Év. de Langres.

A M. l'Abbé Valton, professeur de Droit canonique au Grand Séminaire de Langres.

INTRODUCTION

La Révolution de 1789, héritière de la Philosophie du xviiie siècle, a donné naissance à un droit nouveau.

Ce droit, « invoqué comme le fruit d'un âge adulte et le produit d'une liberté progressive »[1], s'appelle le *droit moderne*, et, depuis de longues années, il sert de prétexte à de grandes injustices.

Les notions élémentaires de la société sont bouleversées ; les droits de la famille et des associations sont violés ; on s'ingénie à ne point tenir compte de Dieu pour résoudre le problème des origines et de la fin de la société civile. On renie toute alliance de l'État avec la société religieuse, et on affecte de méconnaître l'autorité

---

1. Encycl. *Immortale Dei.*

et la mission de l'Église catholique ; on regarde plutôt celle-ci comme une ennemie dont il faut surveiller les tendances ; on lui marchande les libertés publiques, et on s'efforce de la maintenir sous la tutelle de l'État comme une société inférieure et secondaire.

Cependant nous ne voudrions pas conclure que tout soit à condamner dans le droit moderne, et que les principes de la Déclaration de 1789 n'aient promulgué que des erreurs sociales.

« Le droit moderne contient en effet des articles irréprochables, comme l'égalité des citoyens devant l'impôt, la participation des contribuables à la détermination des charges qu'ils supportent, l'accès des fonctions publiques ouvert à tous, etc. On peut même accorder que si aucun de ces articles n'était contredit par la doctrine catholique dans le passé, si même on les retrouve formulés par les écrits des plus célèbres docteurs, du moins la pratique des nations chrétiennes ne les admettait guère qu'à titre d'exception pendant les trois derniers siècles. Mais le tort des philosophes qui ont créé le droit nouveau a été de rattacher ces réformes politiques ou civiles à des théories incomplètes ou fausses, à une conception erronée de la société et du pouvoir. Ce sophisme a égaré les générations modernes ; — d'une part, les bons éléments que contenaient les principes de 1789 ont été présentés comme une conquête de la libre-pensée sur la doctrine de l'Église, tandis qu'ils étaient tout au plus une conquête historique faite sur un état politique vieilli et défiguré par les abus ; — d'autre part, ces bons éléments ont été signalés comme les conséquences logiques des théories des encyclopédistes sur l'origine de la société et sur la nature du pouvoir. De là, chez tant d'honnêtes gens, ces préjugés aveugles contre l'Église, en qui on leur montrait l'ennemie de ce qu'ils avaient le droit d'estimer et d'aimer » [1].

En face du droit moderne, apparaît le *droit chrétien*, c'est-à-dire un système social qui dérive du droit naturel et qui est « l'épanouissement spontané de la doctrine évangélique » [2].

Le droit chrétien reconnaît sans doute l'indépendance et la souveraineté de la puissance civile touchant les choses humaines et temporelles, mais il protège aussi en face de l'État les libertés de la famille et des associations, il impose à la puissance civile des devoirs envers Dieu et la religion, et il revendique l'indépendance et la souveraineté de la puissance ecclésiastique touchant les choses spirituelles et divines.

Tel est le droit que l'enseignement de l'Église catholique a consacré. En effet, elle n'est pas nouvelle la doctrine que Léon XIII a exposée

1. *Le Droit chrétien et le Droit moderne.* Etude sur l'Encyclique *Immortale Dei*, par Mgr d'HULST ; Paris, 1886 ; p. 17.

2. Encycl. cit. *Immortale Dei.*

avec une autorité magistrale, dans les encycliques *Diuturnum*, 29 juin 1881, et *Immortale Dei*, 1er novembre 1885, et que le Pape glorieusement régnant, Pie X, a rappelée en termes magnifiques, dans l'encyclique « *Vehementer* », 11 Février 1906.

C'est la doctrine qu'ont proclamée Pie IX, dans l'encyclique *Quanta cura*, 8 décembre 1864, et Grégoire XVI, dans l'encyclique *Mirari vos*, 15 août 1832. C'est l'enseignement qu'ont professé les docteurs de l'Église : Bellarmin et Suarez au xvi° siècle, saint Thomas d'Aquin au xiiie, saint Augustin au ive.

Mais ce droit chrétien ne relève-t-il pas de la catégorie de l'idéal plutôt que de l'histoire ? Non, assurément ; et si nous passons en revue les âges de foi, nous observerons à l'exemple de Léon XIII, qu' « il fut un temps où la philosophie de l'Évangile gouvernait les États »[1]. On pourra sans doute, l'histoire en main, nous objecter certains faits, certaines doctrines même, où fut exagéré l'exercice du droit chrétien touchant les rapports de l'Église et de l'État ; mais les circonstances du temps les expliquent assez facilement, et, en tous cas, on ne saurait y voir l'expression de l'enseignement traditionnel de l'Église catholique.

Et puis, ne nous en prenons pas aux principes eux-mêmes du droit chrétien si la malice des hommes et mille autres empêchements ont rare-

----

1. Encycl. cit. *Immortale Dei.*

ment permis d'en urger l'application intégrale. L'Église ne s'est-elle pas toujours montrée, sur cette question du droit social chrétien, très tolérante et très conciliante en fait et dans l'*hypothèse*, lorsque les intérêts essentiels de la religion ne risquaient point d'être compromis? Il suffirait, pour s'en convaincre, de lire les encycliques de Léon XIII et de se rappeler ses directions pontificales.

Mais la *thèse* des droits de la famille et des associations, la thèse de la constitution chrétienne des États, la thèse des droits inaliénables de l'Église, société parfaite et indépendante, société supérieure et divine, la thèse des rapports des deux puissances, voilà ce qu'à l'heure actuelle des prêtres et des catholiques ne peuvent ignorer.

C'est à esquisser à grands traits cette thèse du droit social chrétien que tend le présent ouvrage.

Il est destiné d'abord aux prêtres. Le prêtre est investi d'une mission éminemment sociale. Il est chargé d'orienter vers la vérité chrétienne non seulement les individus, mais encore les sociétés ; et il doit être le guide et le défenseur des âmes aussi bien sur le terrain de la morale sociale que sur celui de la morale individuelle. Pour accomplir ce noble ministère sans courir le risque de se compromettre ou de s'égarer, il faut que le prêtre possède une connaissance approfondie des principes du droit social chrétien.

Mais c'est dès le séminaire que les futurs prêtres doivent être initiés à une telle science. C'est d'ailleurs l'enseignement des jeunes clercs qui a fait naître ce travail, et c'est avant tout pour cet enseignement qu'il a été composé.

Cependant cet ouvrage s'adresse encore aux simples laïques, et spécialement à ces jeunes gens de nos patronages catholiques qui travaillent, dans leurs cercles d'études, à devenir des hommes d'action.

Or, qu'ils ne l'oublient pas, avant d'être homme d'action, il faut être homme de principes ; avant de s'adonner aux œuvres sociales, il faut avoir des idées directrices qui empêchent de dépenser son dévouement en un zèle inutile ou même de tomber dans de regrettables erreurs.

Qu'on ne s'étonne point de la sécheresse apparente de l'ouvrage. Nous avons cherché surtout à être précis. Car il importait que d'aussi graves problèmes fussent nettement formulés et clairement résolus. On voudra bien observer que ce volume aspire à être un livre d'étude, plutôt qu'un livre de lecture.

Quant à la méthode d'exposition, nous l'avons simplifiée autant que possible :

En tête de l'ouvrage, nous étudions les *principes* généraux qui dominent la matière ; ensuite nous en faisons l'application, tout d'abord à la *famille* et aux *associations*, qui représentent les formes primitives de la vie sociale, puis à l'*État* et à l'*Église*, dont nous examinons les *rapports mutuels*.

Puisse ce travail contribuer, pour sa modeste part, à servir, sous la bénédiction de Dieu, la cause du droit et de la justice sociale. C'est là toute l'ambition de l'auteur.

LIVRE I
LES PRINCIPES

CHAPITRE PREMIER

LA SOCIÉTÉ

I. — Définition de la Société.

L'homme n'est pas un être solitaire ; il n'est pas jeté au hasard pour vivre et mourir dans l'isolement et l'abandon ; il naît au milieu d'une multitude d'autres individus de même nature, dont l'intelligence ressemble à la sienne et dont la volonté a les mêmes aspirations ; avec eux, il forme une sorte d'agglomération que, dans le langage ordinaire, on appelle *société*.

Ainsi la notion de société exprime en premier

lieu l'idée d'une *pluralité d'êtres intelligents*. Seule, en effet, l'intelligence peut établir entre des individus de même espèce ces rapports intellectuels et moraux d'où résulte la société.

Cependant la réunion de plusieurs êtres intelligents ne constitue point par elle-même cette *unité morale* qui fait le fond essentiel de toute société. Pour former un être vivant, il faut qu'un principe d'unité s'empare des divers organes, les pénètre et les coordonne. Il n'en va pas autrement de la société. La simple juxtaposition arbitraire et passagère des individus ne suffit pas pour réaliser *l'être social*. Il faut qu'un lien durable et efficace rapproche les individus et les unisse étroitement comme les membres d'un même corps.

Quel est ce lien ? Pour en comprendre la nature, il est utile de se rappeler que les êtres intelligents sont doués de deux facultés essentielles, l'entendement et la volonté, qui concourent à l'acte moral et libre. Or, le lien qui unit entre elles plusieurs intelligences, qu'est-ce donc, sinon la poursuite d'un même idéal et d'une même vérité ? Et le principe d'union morale entre plusieurs volontés, que peut-il être, sinon la poursuite d'un même bien et d'un même bonheur ? En d'autres termes, l'idée de société appelle nécessairement l'idée *d'une même fin* connue et recherchée par tous les membres et pour tous les membres de la communauté.

Quand l'homme sera parvenu au Souverain Bien vers lequel tout son être aspire, il deviendra membre de la société des Élus, dont le lien social résulte non plus de la recherche d'une même perfection qui semble toujours fuir et se dérober, mais de la possession d'un même Bonheur toujours présent et toujours inépuisable.

Toutefois, telle n'est pas la condition des sociétés humaines ; et leurs membres doivent sans relâche tendre vers le même but dont mille obstacles rendent sans cesse plus difficile l'accès. Comment alors travailler à atteindre ce but dans un esprit d'union et de solidarité, et comment surmonter tous ces obstacles, sinon par l'usage des *mêmes moyens ?*

Pluralité des membres, accord des intelligences et union des volontés, unité de fin, communauté de moyens, voilà donc les éléments de *l'être social* que notre analyse vient de mettre en lumière.

Avons-nous maintenant la complète notion de la société humaine ? Pas encore, si du moins nous l'envisageons dans sa vie concrète.

En effet, l'unité de fin et la communauté de moyens supposent chez les membres de l'association un même désir du but à atteindre, et des vues identiques sur le chemin à suivre. Or telle est l'infirmité de la nature humaine que cette unité de vues ne pourra jamais s'obtenir par voie de raisonnement chez des esprits, nombreux, de goûts divers, et d'éducation plus différente encore. La société, pour réaliser pleinement l'unité nécessaire à son existence, aura donc besoin non seulement d'une fin unique au service de laquelle les membres pourront mettre en œuvre toutes leurs énergies sociales, mais encore d'un principe qui dirigera efficacement les associés dans l'application des mêmes moyens et la poursuite de la même fin.

Ce principe dépendra quelquefois de la volonté libre et spontanée des membres qui établira entre eux un lien de simple fidélité, sans aucune sanction juridique ; on aura ainsi une société purement *amicale*. Mais le plus souvent, le lien social qui unira les membres d'une communauté sera une obligation de justice proprement dite, et le principe intelligent qui régira efficacement toutes les intelligences et qui imprimera la même tendance à toutes les volontés sera *l'autorité* ; la société deviendra alors strictement *juridique*.

L'autorité, ou le pouvoir d'obliger les libres volontés de tous les membres, est donc un dernier élément nécessaire à la société juridique ; elle est pour la société ce que l'âme est pour l'être animé, ce que la force est pour le corps : un principe essentiel, un principe d'unité, de tendance et de conservation ; et la société juridique ne peut exister sans l'autorité qui lui donne sa vitalité et sa cohésion.

Cependant, des divers éléments qui constituent la société juridique, le plus important est *la fin*. C'est elle en effet qui spécifie toute société, et qui en détermine la nature et le caractère ; c'est vers elle que toutes les énergies sociales convergent ; et la société elle-même, qui se met au service de ses membres pour les conduire à leur fin, n'a pas d'autre raison d'être. Aussi bien le droit social, c'est-à-dire le pouvoir que la société peut en toute justice exercer sur ses membres, et les prérogatives dont elle est dotée en regard des autres sociétés, le droit social découle de la *fin sociale* elle-même et c'est de celle-ci qu'il tient toute sa force. Entre les diverses sociétés existera donc le même rapport qu'entre leur fin sociale respective ; et si la fin d'une société est supérieure ou inférieure à la fin d'une autre société, ces deux sociétés elles-mêmes seront entre elles dans un rapport de supériorité ou d'infériorité.

Mais c'est assez avoir expliqué la notion de la société en général. Signalons maintenant les principales divisions de la société juridique.

II. — Différentes espèces de Sociétés.

Considérons d'abord l'*origine* des sociétés : nous voyons qu'il existe des sociétés dont les principes constitutifs se rattachent à des faits et des devoirs antérieurs qui lient la volonté des membres, comme il en est d'autres où c'est la volonté elle-même des associés qui spontanément pose les faits et contracte les devoirs : les premières sociétés, sans le secours desquelles les individus ne ·sauraient parvenir à leur perfection normale, sont des sociétés *nécessaires* ; les secondes sont des sociétés *libres*.

Il faut noter aussi que, parmi les sociétés nécessaires, il en est dont les principes constitutifs dépendent directement des lois de la nature, d'où leur nom de sociétés *naturelles* : telles sont la société domestique et la société civile. Mais il existe une autre société nécessaire qui doit la forme même de sa constitution à l'intervention directe et immédiate de Dieu dans un ordre supérieur aux lois de la nature ; c'est pourquoi elle est appelée une société proprement *divine* et *surnaturelle* : cette société est l'Église.

Quant aux sociétés libres, elles tirent toujours leur origine d'une convention artificielle et humaine : telles sont les sociétés commerciales et industrielles.

Si maintenant nous avons égard *à la fin* des sociétés, nous remarquons que les unes recherchent comme but immédiat un bien universel et complet dans son genre, tandis que les autres tendent seulement à un but particulier, qui peut sans doute approcher mais non réaliser pleinement le bien général dont il n'offre lui-même qu'un aspect. Les premières sociétés sont dites des sociétés *universelles* ou totales, tels l'Église et l'État ; les secondes sont des sociétés *particulières* ou partielles, tels, dans l'Église, les diocèses et les paroisses, dans l'État, les départements et les communes.

En outre, si le bien, général ou particulier, que vise la société est d'un ordre spirituel et religieux, cette société revêt elle-même un caractère *spirituel et religieux* : telle est l'Église, et, avec elle, les diocèses, les paroisses, les congrégations etc., dont le but est la sanctification des âmes et l'éternelle béatitude ; si, au contraire, ce bien appartient à l'ordre purement matériel et temporel, la société devient elle-même *matérielle* et *temporelle* : tel est l'État, et, avec lui, les départements, les communes, les sociétés commerciales etc., qui ne poursuivent pas un autre but que le bien-être matériel de la vie présente.

Observons enfin les moyens dont sont pourvues les sociétés pour parvenir à leur but.

Certaines sociétés nous apparaissent munies de toutes les ressources nécessaires pour atteindre leur fin, de sorte que, indépendantes de toute autre société en qui elles trouveraient leur complément, elles se suffisent pleinement à elles-mêmes et réalisent toute la perfection de l'ordre social auquel elles se rapportent. D'autres sociétés, au contraire, n'ont pas en elles-mêmes tous les moyens suffisants pour atteindre leur fin, mais elles dépendent directement d'une autre société supérieure et du même ordre.

Les premières sociétés sont les sociétés *parfaites*, telles que la société religieuse ou l'Église et la société politique ou l'État ; les autres sociétés sont les sociétés *imparfaites*, telles que, dans l'Église, les diocèses, les congrégations religieuses, etc., et, dans l'État, les départements, les sociétés commerciales, industrielles, etc. [1].

---

1. Taparelli, *Essai théorique de droit naturel* ; Paris, Rousseau, 1858 ; t. I, n. 416 sq. — Montagne, *Études sur l'origine de la société*, Paris, 1900 (coll. *Science et Religion*) ; t. III, *Théorie de l'Être social* d'après saint Thomas et la philosophie chrétienne, p. 7, sq.

CHAPITRE II

LA SOCIÉTÉ PARFAITE

I. — Principes constitutifs.

Nous arrivons maintenant aux principes constitutifs de la société parfaite que nous nous proposons d'analyser [1].

Tout d'abord, *la fin* immédiate de la société parfaite doit être *universelle* dans son ordre, c'est-à-

---

[1]. Cavagnis, *Institutiones Juris publici ecclesiastici*; Rome, 1888 : p. 29 sq.

dire que la société parfaite doit tendre directement
à un bien complet et universel dans son genre, et
non pas seulement à un bien partiel qui soit compris dans un plus grand bien de même nature.

Ainsi l'Église est une société parfaite parce que,
dans son ordre, c'est-à-dire dans l'ordre spirituel
et surnaturel, elle a pour fin immédiate un bien
universel qui est le salut éternel des âmes ; de
même l'Etat est une société parfaite parce que
dans son ordre, c'est-à-dire dans l'ordre matériel et politique, il a pour fin immédiate un bien
universel qui est le bonheur temporel de tous les
citoyens.

En second lieu, la société parfaite doit avoir à
sa disposition tous les *moyens* suffisants pour sa
propre fin. Cependant, il est nécessaire qu'elle
possède *actuellement* ou en fait les moyens seulement sans lesquels elle ne pourrait pas conserver
son existence ni atteindre sa propre fin ; quant
aux moyens qui par leur nature se rapportent à
un autre ordre et à la fin d'une société d'un autre
genre, il suffit qu'elle les possède *virtuellement* ou
en droit, c'est-à-dire qu'elle puisse les requérir
auprès de la société compétente, dans la mesure
où ils lui sont nécessaires [1].

1. TARQUINI. *Les principes du droit public de l'Église,*

L'Église est une société parfaite, parce qu'elle a en sa possession tous les moyens spirituels et même certains biens temporels sans lesquels elle ne saurait subsister ; quant aux autres moyens de l'ordre matériel et politique dont elle peut avoir besoin, l'Église a un droit strict à en réclamer le service de la part de l'État. A son tour, l'État est une société parfaite, parce qu'il possède tous les moyens matériels et temporels que peut exiger sa fin ; quant aux biens de l'ordre spirituel et surnaturel que l'Église tient de sa mission, l'État peut pareillement, dans les cas nécessaires, en solliciter le secours.

Mais, remarquons-le déjà en passant, ce droit de l'État touchant le concours spirituel de l'Église n'est pas rigoureux et strict comme le droit que nous observions naguère dans l'Église touchant le concours matériel de l'État ; en effet, l'État, quoique société parfaite et indépendante, est d'un ordre inférieur à celui de l'Église ; aussi bien appartient-il à l'Église, société supérieure, de déterminer les moyens spirituels et surnaturels dont elle peut prêter le concours à l'État, comme de se prononcer en dernier ressort sur l'opportunité ou la nécessité de son intervention.

Bruxelles, 1868, n. 41. — FERRETTI, *Institutiones philosophiæ moralis*, Rome, 1891 ; vol. III, p. 15 sq.

Enfin si nous considérons le *caractère juridique* de la société parfaite, celle-ci nous apparaît comme une société maîtresse dans son ordre et *indépendante* pour tout ce qui touche sa propre fin. Ainsi doivent se comporter l'Église, dans l'ordre spirituel, et l'État, dans l'ordre temporel. Aucune société, si excellente soit-elle, ne peut exercer sur la société parfaite un pouvoir *direct*, comme ferait une société universelle vis-à-vis d'une société partielle du même genre, par exemple l'État envers un département, ou l'Église envers un diocèse. Toutefois cette indépendance de la société parfaite n'empêche pas qu'une autre so-ciété, d'un ordre essentiellement distinct et se rapportant à une fin supérieure, ne puisse exercer sur elle un pouvoir *indirect*, c'est-à-dire un droit qui ait sa source dans les exigences mêmes de cette fin supérieure et qui soit proportionné à ces exigences. C'est pourquoi l'État, quoique société parfaite et indépendante, n'en est pas moins obligé de se mettre au service de l'Église chaque fois que le réclame la fin de cette société supérieure et divine.

II. — Le pouvoir public.

Maintenant que nous connaissons la nature et le caractère juridique de la société parfaite, passons à l'examen de ses *pouvoirs*.

Toute société, nous le savons déjà, a pour mission de conduire ses membres vers une fin commune, qui est le bien de tous. A ce devoir correspond pour la société un droit : celui de disposer efficacement de ses membres, et d'exiger leur concours social en vue du bien commun. Ce droit, ou, si l'on veut, cette faculté d'obliger les membres dans une société s'appelle le *pouvoir public*. Dans une société parfaite, ce pouvoir s'exerce avec plénitude et indépendance, dans les limites toutefois qui sont imposées par la nature même de la société et le caractère de sa propre fin.

Toute société proprement dite ayant pour membres des hommes, c'est-à-dire des êtres doués d'une intelligence et d'une volonté libre, son pouvoir public doit s'exercer sur eux d'une manière conforme à leur nature raisonnable. De là vient que tout pouvoir public comprend essentiellement deux fonctions : l'une, *directive*, qui a pour mission de tracer les règles à suivre pour atteindre la fin sociale ; l'autre, *exécutive*, qui consiste à pour-

voir à l'application pratique de ces règles envers
chacun des membres de la société.

1.

Le pouvoir DIRECTIF est donc chargé d'établir,
d'une manière obligatoire, et au besoin même
avec une sanction pénale, des règles générales
auxquelles doivent se conformer les membres de
la société ; il lui incombe aussi d'interpréter avec
autorité ces règles, mais en restant toujours dans
des vues générales, sans prendre garde aux cas
individuels et particuliers.

Ces règles morales, qui, sans blesser la justice,
atteignent toute la société, sont les lois, et le pouvoir qui y préside s'appelle le *pouvoir législatif*.
Que ce pouvoir soit nécessaire à la société parfaite, il nous est facile de le démontrer. Si en effet
nous avons égard chez les membres de la société
non seulement à la diversité des intelligences et
par conséquent à la variété des opinions, mais
encore à la faiblesse des volontés et à l'influence
déréglée des passions, nous comprendrons que la
société parfaite ait besoin d'un principe d'unité qui
coordonne efficacement toutes les énergies sociales de ses membres vers la fin commune. Or ce
principe d'unité quel est-il, sinon d'abord le pou-

voir législatif, en d'autres termes, la faculté d'imposer aux membres de la société des lois, c'est-à-dire les mêmes règles générales et obligatoires dans l'usage des moyens qui conduisent à la fin sociale ?

En plus du pouvoir législatif dont l'action s'exerce sur la volonté des membres de la société, le pouvoir directif peut comprendre un autre pouvoir dont l'influence s'applique aux intelligences ; c'est alors le *magistère* ou le pouvoir *d'enseignement.*

Ce pouvoir obtient tout son effet dans la société parfaite qui, en vertu d'une mission divine spéciale, est une société doctrinale et enseignante : on le devine sans peine, nous voulons parler de l'Église, cette société parfaite à qui le Christ a confié le magistère touchant les vérités de la foi et du salut, quand il a dit aux Apôtres : « *Allez, enseignez toutes les nations* ».

Mais si la société parfaite ne possède pas de droit divin ce caractère de société enseignante, son rôle dans l'enseignement est limité et il consiste simplement dans un droit d'inspection qui a pour but de veiller à ce que les intelligences des sujets ne soient point détournées de la fin sociale par un enseignement contraire aux lois et à l'ordre public. C'est le cas de l'État qui doit respecter la liberté d'enseignement garantie par le droit naturel aux familles et aux individus. D'ailleurs, en expliquant les principes qui règlent les rapports juridiques entre la société civile et la famille, nous nous entretiendrons tout au long de cette importante et délicate question de l'enseignement et des droits que l'État peut y faire valoir.

Tel est le pouvoir directif, qui regarde d'une manière générale tous les membres de la société, auxquels il trace les règles à suivre pour atteindre la fin sociale.

2.

Il appartient maintenant au pouvoir EXÉCUTIF de procurer l'application concrète et individuelle de ces règles envers chacun des membres de la société. Le pouvoir exécutif a en effet pour mission d'appliquer à chacun, suivant ses aptitudes et ses actes, les lois générales imposées à toute la communauté par le pouvoir directif.

Or le pouvoir exécutif s'exerce d'abord dans le pouvoir *de gouvernement* qui promulgue les lois et veille à leur observation dans les cas particuliers. C'est ainsi que, en conformité avec les lois établies, le pouvoir de gouvernement assigne à chaque membre de la société le rôle social qui lui convient, et où il pourra offrir un concours plus utile au bien général. En outre, le pouvoir de gouvernement veille sur la paix et l'ordre social et, par une *administration* équitable des biens de la communauté, il est chargé de pourvoir à la prospérité publique.

Certes, la société parfaite ne saurait se passer d'un tel pouvoir. Car sans lui, quelle serait l'efficacité de cette direction imprimée à toute la société par le pouvoir législatif ? Les lois resteraient trop souvent lettre morte, ou courraient risque de violer la justice envers chacun des sujets. Et puis, s'il est vrai que les individus, membres de la société, doivent, pour le plus grand bien de tous, s'acquitter de leur devoir social et remplir dans la communauté un rôle en harmonie avec leurs aptitudes et leurs mérites, combien de fois la présomption, l'ambition et mille autre passions, ne les empêcheraient-elles pas de satisfaire d'eux-mêmes à ce devoir et de se porter spontanément à cette place qui leur était destinée ? Enfin que deviendraient parmi tant d'obstacles l'ordre social et la prospérité publique ? De là apparaît, parallèlement au pouvoir législatif, la nécessité d'un nouveau principe qui pourvoie à une sage application des lois, régisse avec autorité les personnes des citoyens, veille sur la paix publique et administre équitablement les biens de la communauté, de manière que tout dans la société contribue le plus possible à la prospérité générale. Ce principe de force et d'unité sociale, c'est le pouvoir exécutif de gouvernement et d'administration.

Mais la mission du pouvoir de gouvernement est de prévenir les abus et infractions aux lois plutôt que de les réprimer.

Qui donc se prononcera dans les différends et les litiges que les passions humaines ne manqueront pas de susciter ? Qui décidera s'il y a conformité ou opposition avec les lois à propos de tel acte particulier des personnes ou de tel usage particulier des biens de la société ? On le comprend facilement : un nouveau pouvoir est nécessaire à la société parfaite pour faire prévaloir les droits de l'ordre public ou régler les intérêts privés des citoyens ; ce pouvoir, nouvelle extension du pouvoir exécutif, s'appelle le pouvoir *judiciaire*, qui s'exerce à la fois dans les causes criminelles, celles qui vengent les droits de la chose publique, et dans les causes civiles, celles qui intéressent les droits privés des citoyens.

Enfin, n'est-il pas vrai, les hommes ne se soumettent pas toujours à l'application purement morale de la loi intimée à leur volonté par le pouvoir de gouvernement et le pouvoir judiciaire. Le pouvoir exécutif requiert donc un dernier pouvoir qui réduise les rebelles au devoir par la force extérieure. C'est le pouvoir *coactif*, dont la mission est de maintenir les droits de la société contre les agresseurs du dedans, en veillant à une juste application des peines, et contre les agresseurs du dehors, en ayant recours à la force armée.

Cependant il nous faut toucher ici deux questions qu'ont posées de nos jours des philanthropes plus utopistes peut-être que sincères : nous voulons parler de la peine de mort et de la guerre [1].

Tout d'abord, le pouvoir coactif d'une société parfaite a-t-il le droit d'appliquer *la peine de mort ?* Oui, sans doute, la peine de mort est licite de sa nature ; elle peut être dans certains cas un remède efficace et même nécessaire à la sécurité publique, tant à cause de la terreur qu'elle inspire que de l'existence qu'elle supprime. En ôtant la vie au malfaiteur, la société lui rend la récidive impossible ; ensuite elle inspire aux autres une salutaire horreur du délit, et par l'effroi du spectacle qu'elle présente dans cette sanglante réparation,

---

1. TAPARELLI, *op. cit.*, t. I, n. 830 sq.

et par l'infamie dont elle couvre le condamné. La société parfaite a donc le droit de recourir à ce moyen extrême de défense intérieure, lorsqu'il est nécessaire au bien commun pour réparer l'ordre violé et rétablir la sécurité publique. C'est ainsi que la plupart des Codes continuent sagement d'inscrire cette menace terrible de la peine de mort en face des grands crimes de droit commun.

Et maintenant, que penser de *la guerre* ? Peut-elle être, elle aussi, admise, dans le droit international, comme une extension du pouvoir coactif et un moyen licite de défense sociale extérieure ? Si nous considérons entre nations indépendantes le conflit des intérêts, l'égoïsme et autres passions qui avivent l'opposition des races, nous ne saurions douter que la guerre ne soit parfois le seul moyen efficace et par conséquent un moyen nécessaire pour compenser le dommage infligé, et surtout préserver l'indépendance et l'intégrité du pays. Mais c'est à cette condition seulement, et après avoir épuisé les moyens ordinaires de conciliation, que la guerre pourra être juste et licite.

Entre ces moyens de conciliation capables de conjurer le fléau de la guerre, il faut donner la première place à *l'arbitrage* : c'est une convention par laquelle le différend est soumis au jugement et à la sentence d'un tiers ou arbitre, soit en vertu du libre consentement des parties, soit en vertu d'une disposition du droit international. On sait qu'en ces dernières années le tribunal de la Conférence de La Haye a été érigé dans ce but, grâce à l'entente des grandes puissances européennes ; mais il est à craindre que cette généreuse tentative ne porte pas grands fruits ; car, avec le conseil du Pape, la bénédiction de Dieu ne semble-t-elle pas lui avoir manqué ?

Voilà en abrégé l'idée complète du pouvoir public dont dispose la société parfaite à l'égard de ses membres.

III. — Conclusion.

Pour conclure cette étude de principes, rappelons en quelques mots quelle est l'étendue du pouvoir de la société parfaite et quelles en sont les limites.

Le pouvoir de la société parfaite s'étend aussi loin que les nécessités de la fin sociale.

Indépendante pour tout ce qui touche sa propre nature et l'ordre spécial qui répond à sa propre fin, la société parfaite a pleins pouvoirs sur tous les moyens qui sont nécessaires à sa mission et qui lui sont proportionnés. Cependant si ces moyens, d'ailleurs nécessaires, sont du ressort d'une autre société parfaite d'un ordre supérieur, la société parfaite d'ordre inférieur pourra sans doute en urger l'application par ses propres sanctions ; mais il ne lui sera pas loisible d'en disposer pour son propre usage sans qu'elle en ait déjà sollicité le secours auprès de l'autorité supérieure compétente, qui aura mission de les déterminer et d'y consentir.

Ensuite il appartient à la société parfaite d'exiger de ses membres tout ce qui lui est nécessaire pour atteindre complètement sa fin, et à ce titre elle peut exercer sur eux une juridiction pleine et entière ; mais, par contre, le pouvoir de la société parfaite n'a pas le droit de réclamer ce qui ne lui est pas nécessaire ou ce qui outrepasse sa mission. Aussi bien le pouvoir public doit-il se rappeler que son rôle est de conduire les membres de la communauté vers leur perfection sociale, de diriger et de suppléer, mais non pas d'absorber, leur activité individuelle et sociale : de là naissent les principes de la *liberté d'enseignement* et de la *liberté d'association*, — deux grandes et saintes libertés dont nous justifierons les titres plus tard en expliquant les rapports qui lient la société civile envers la famille et les autres associations.

LIVRE II

LA FAMILLE. LES ASSOCIATIONS.

CHAPITRE PREMIER

LA FAMILLE

L'homme, nous l'avons déjà dit, est un être essentiellement *sociable*. Or, cette inclination de l'homme pour la vie sociale atteint son premier degré dans la société naturelle entre toutes : la société domestique ou *la famille*, qui est comme la cellule sociale primitive autour de laquelle nous voyons se grouper toutes les autres sociétés humaines. En effet, les familles isolées ne pourraient se suffire à elles-mêmes ni se procurer la totalité des biens nécessaires à la conservation et au développement normal de la vie humaine, pas plus qu'elles ne sauraient sauvegarder entre elles-mêmes l'ordre et la paix. Voilà pourquoi l'instinct de la nature pousse les familles et les individus à se grouper en des *associations* variées, ayant chacune leur organisation particulière et leur but spécial. C'est le second acte de sociabilité de l'homme. Cependant, comme ces associations imparfaites seraient incapables, elles aussi, de satisfaire pleinement aux besoins sociaux de leurs membres et aux exigences de l'ordre public, le dernier vœu de la nature est qu'elles s'unissent en un corps politique universel, société parfaite et indépendante, qui a mission de procurer aux individus et aux familles la paix et la prospérité matérielle : c'est la société civile ou *l'État*, dernier acte de la sociabilité de l'homme. Ainsi donc la société civile suppose la formation préalable des familles et même d'autres associations imparfaites, sur lesquelles sans doute elle a des droits, mais vis-à-vis desquelles aussi elle a des devoirs, dont le premier est de ne pas contrarier leur liberté d'organisation et d'action, pourvu que l'ordre public n'en soit point troublé.

Mais jusqu'ici nous avons considéré surtout l'ordre temporel et matériel, où règne avec une autorité parfaite et indépendante la société civile. Or il existe un autre ordre de choses, celui-là divin et spirituel, où apparaît une société, elle aussi parfaite et indépendante, mais supérieure à l'État. Cette société est *l'Église*, que Dieu a immédiatement fondée en lui assignant une mission et une fin toutes spirituelles : la sanctification et le bonheur éternel des hommes. En face de l'État, l'Église a des devoirs, il est vrai ; mais elle jouit aussi de droits imprescriptibles ; ces droits et ces devoirs sont l'objet des rapports mutuels entre les deux puissances.

Tel est le thème que nous allons maintenant essayer de développer.

En premier lieu, nous devons nous arrêter devant les manifestations primordiales de la sociabilité de l'homme, qui sont la famille et les associations.

I. — Origine de la famille et son développement.

Un instinct naturel incline l'homme à s'associer avec la femme dans l'union indissoluble du *mariage;* tout d'abord afin de procréer des enfants et de contribuer ainsi à la propagation du genre humain, ensuite afin de se prêter un mutuel appui au milieu des difficultés de la vie domestique.

Toutefois cette inclination instinctive pour le mariage, que Dieu a déposée dans la nature de l'homme, ne constitue pas un précepte auquel chaque individu soit tenu d'obéir. Le mariage, en effet, tout en étant naturel à l'homme, parce qu'il répond à un vœu de sa nature, n'est cependant pas une condition essentielle de sa perfection individuelle, mais il apparaît nécessaire seulement au bien général et à la conservation de la société humaine. Or, ainsi que le fait observer S. Thomas [1], parmi les diverses vocations qui intéressent le bien général de la communauté, les individus pris en particulier ne sont pas obligés de choisir celle-ci plutôt que celle-là, par exemple la vocation du mariage plutôt que la vocation du célibat et de la vie contemplative, pas plus que la vocation d'agriculteur de préférence à la vocation d'architecte. Mais la nature, en conférant à chacun des aptitudes spéciales, ne manque pas de pourvoir à ce que de nombreux individus se portent d'eux-mêmes à toutes les vocations et particulièrement à celle du mariage.

Le mariage, telle est donc l'origine de la société domestique ; la *société conjugale*, telle est la première étape de la famille.

Or, la fin principale du mariage est de donner l'existence à des enfants, et de les conduire, à tra-

____

1. *Sum. Th.*, *Suppl.*, q. XLI, art. 2.

vers les multiples voies de l'éducation, jusqu'à l'état d'hommes parfaits, c'est-à-dire d'hommes destinés à mener une vie raisonnable et sociale, et à s'employer à l'exécution des desseins de Dieu. Car la perfection pour l'homme consiste à orienter tout son être vers sa fin dernière qui est Dieu, et il ne vient pas au monde pour autre chose que pour connaître, adorer et servir son Créateur.

De là ressort évidemment le caractère *sacré et religieux* du mariage, considéré même au simple point de vue du droit naturel, caractère, non point surajouté, mais inné, que les peuples les plus civilisés de l'antiquité se sont plu à reconnaître : « Nous en attestons les monuments de l'antiquité, proclame le pape Léon XIII dans l'encyclique *Arcanum*, 10 février 1880, les usages et les institutions des peuples qui ont été les plus civilisés et qui ont été renommés pour la connaissance plus parfaite du droit et de l'équité ; il est certain que, dans l'esprit de tous ces peuples, par suite d'une disposition habituelle et antérieure, chaque fois qu'ils pensaient au mariage, l'idée s'en présentait toujours sous la forme d'une institution liée à la religion et aux choses saintes. Aussi, parmi eux, les mariages ne se célébraient guère sans des cérémonies religieuses, l'autorité des Pontifes et le ministère des prêtres, tant avaient de force sur des esprits, même dépourvus de la doctrine céleste, la nature des choses, le souvenir des origines, la conscience du genre humain ! »

Mais combien le mariage ne doit-il pas nous apparaître plus saint et plus sacré si nous l'envisageons à la lumière de la foi et dans l'ordre surnaturel !

Déjà au commencement du monde nous voyons Dieu lui-même instituer le mariage, et bénir, dans la personne de nos premiers parents, tous les époux des siècles à venir [1]. Dès le principe aussi, le mariage a été comme une image prophétique de l'Incarnation du Verbe et de son union mystique avec l'Église. Enfin sous le régime de la loi nouvelle le Christ l'a élevé à la dignité de sacrement, en le consacrant comme une source efficace de grâce et de sanctification.

Après cela, comment ne pas conclure avec Léon XIII que « le mariage étant sacré par son essence, par sa nature, par lui-même, doive être réglé et gouverné, non point par le pouvoir des princes, mais par l'autorité divine de l'Église qui seule a le magistère des choses sacrées [2] » !

Ainsi donc, lorsque, sous la bénédiction de Dieu

1. GEN., I, 27 sq.
2. Encycl. cit. *Arcanum*, Edit. des « *Bons Livres* ». Paris, Roger et Chernoviz, tom. I.

et de l'Église, le mariage a donné ses fruits, la société domestique voit son cercle s'étendre, et à la société conjugale vient bientôt s'ajouter une autre société composée des enfants et de leurs parents [1] : c'est la *société paternelle*, seconde et dernière étape proprement dite de la famille.

Voilà esquissée à grands traits l'origine et le développement de la société domestique. Comme on le voit, la famille, tout en étant dans un certain sens une société homogène, n'est cependant pas une société parfaite : en effet, sa propre fin, qui est l'éducation des enfants, non seulement physique mais encore intellectuelle et surtout morale et religieuse, sa propre fin la rattache à la fois à l'ordre temporel et à l'ordre spirituel, et dans ces deux ordres elle trouve son complément et sa perfection, ici dans l'État pour ses intérêts temporels, là dans l'Église pour ses intérêts spirituels.

Mais il nous faut examiner de plus près la mission de la famille, et résoudre le problème si important et si complexe de l'*éducation*.

1. Súarez, *De legibus*, 1. III, c. i, n° 8.

II. — Mission de la famille : l'éducation des enfants.

Deux questions se posent : L'ÉDUCATION DES EN-FANTS est-elle un *devoir* pour les parents ? Est-elle aussi un *droit*, et les enfants relèvent-ils de l'autorité paternelle avant d'appartenir à l'État ?

1.

Tout d'abord l'éducation des enfants est un *devoir* rigoureux que la nature impose aux parents.

Aussitôt que les époux ont donné le jour à un enfant, une nouvelle société se forme au sein de la famille : c'est la société paternelle, dont la fin naturelle est l'éducation du nouveau-né. La nature en effet exige que son œuvre ne soit ni frustrée ni incomplète. Or, la génération communique à l'enfant simplement le bienfait de l'existence ; ne faut-il donc pas que l'éducation vienne entretenir et développer l'être et la vie reçue ? Ne faut-il pas que l'éducation conduise l'enfant comme pas à pas jusqu'à ce qu'il soit, selon le mot de saint Thomas, un « homme parfait, de cette perfection qui procède de la vertu [1] » ?

1. *Loc. cit.*, q. XLI, art. I.

Ainsi les hommes sont libres de s'engager ou non dans les liens du mariage. Mais ceux qui contractent cette sainte union et qui, selon le désir de la nature, peuplent d'enfants leur foyer domestique, ceux-là sont obligés de ne pas interrompre l'œuvre de la nature. Il faut qu'ils complètent en leurs enfants ce don magnifique de l'être qu'ils leur ont transmis, et c'est là le devoir de l'éducation, devoir qui découle de la loi même de la nature.

Mais quelle doit être cette éducation des enfants ? Certes, il ne suffit pas qu'elle soit physique et veille à l'entretien et à la santé du corps ; il faut encore qu'elle soit intellectuelle et surtout morale et religieuse. Ainsi que le fait remarquer saint Thomas [1], les animaux sans raison ont reçu de la nature une prudence instinctive qui leur permet de pourvoir en toute sécurité à leurs besoins ; mais l'homme est doué d'une raison que l'expérience seule peut conduire à la connaissance des choses nécessaires à la vie. Aussi les enfants ont-ils besoin d'être instruits par l'expérience de leurs parents. Il faut donc que les parents forment l'intelligence de leurs enfants au raisonnement et à la recherche de la vérité. Il faut qu'ils fortifient

____

1. *Contra Gent.*, l. III, c. 22.

leur volonté contre les passions mauvaises, au besoin par un usage discret des châtiments, et qu'ils les élèvent dans l'amour du bien et de la vertu. Il faut enfin et surtout que les parents dirigent l'âme de leurs enfants vers Dieu, en leur enseignant les saintes vérités et les pratiques salutaires de la religion [1].

A ce devoir de l'éducation de leurs enfants, le père et la mère doivent s'employer tous les deux. Car, dans l'espèce humaine, nous dit encore saint Thomas [2], l'éducation physique et surtout l'éducation intellectuelle et morale des enfants a des exigences auxquelles la femme seule ne saurait satisfaire, mais qui réclament le concours du père et de la mère.

Cependant les parents ne peuvent pas toujours pourvoir par eux-mêmes à cette sainte et délicate mission de l'éducation de leurs enfants. Tantôt c'est une mort prématurée qui les ravit aux douceurs de leur foyer ; tantôt, exemple, hélas ! trop fréquent dans le monde ouvrier, c'est la pauvreté qui les retient tout le jour attachés à un dur labour ; tantôt ce sont les capacités suffisantes qui leur manquent pour élever leurs enfants ; tantôt

1. Toxoioraj, *Ethica*, ; Prat°, 1897, n° 401 ; — Taparelli, *Op. cit.*, t. III. n°° 1555-1575.

2. *Loc. cit.*

même c'est la bonne volonté qui leur fait défaut.
Aussi le droit naturel permet-il aux parents de
choisir librement des maîtres qui leur présentent
toutes garanties de probité et de science, et qui
soient comme leurs coadjuteurs et leurs suppléants dans la grande œuvre de l'éducation de
leurs enfants [1].

On comprend déjà qu'ici s'imposerait une conclusion : c'est que la liberté d'enseignement, la
liberté pour les parents de confier l'éducation de
leurs enfants à des maîtres de leur choix, est un
droit sacré que la loi naturelle approuve et protège. Mais cette question, qui empruntera encore
à d'autres arguments ses éléments de solution,
trouvera plus logiquement sa place dans un chapitre spécial, où nous étudierons les rapports
juridiques entre l'État et la famille (Cf. l. III, c.
III, § ii).

2.

Nous venons déjà de faire allusion au droit des
parents touchant l'éducation de leurs enfants ;
cette nouvelle thèse est intimement liée à la pré-
cédente, et elle est, elle aussi, riche en conclusions pratiques: Les enfants relèvent-ils immédia-

_____

1. Ferretti, *Op. cit.*, p. 118.

tement de leurs parents, et ceux-ci peuvent-ils faire valoir à leur égard un *droit* et un pouvoir réels ?

Nous répondons que la même loi naturelle qui impose aux parents le devoir de l'éducation leur accorde le droit de disposer de leurs enfants, c'est-à-dire le pouvoir de les diriger, de les obliger, et au besoin de les corriger jusqu'à ce qu'ils soient parvenus « à l'âge d'hommes parfaits » [1].

Ce principe est d'ailleurs facile à établir. La loi naturelle est, en effet, une loi raisonnable entre toutes. Elle ne peut donc avoir imposé aux parents le fardeau de l'éducation, sans leur avoir accordé en retour tout le pouvoir moral nécessaire, c'est-à-dire tous les droits que peut exiger l'exercice de cette mission. Or, nous l'avons démontré tout à l'heure, l'éducation est pour les parents un devoir rigoureux que la nature elle-même a consacré ; d'autre part, comment pourraient-ils remplir convenablement ce devoir, s'ils ne possédaient également le droit de disposer de leurs enfants, et de les diriger efficacement vers cet idéal d'honnêteté et de vertu qui est le terme d'une éducation vraiment digne de ce nom ? On ne saurait donc, sans faire violence au bon

1. S. Thomas, *Sum. Th.*, Suppl., q. XLI, art. I.

sens, contester le droit dont la loi naturelle a investi les parents à l'égard de leurs enfants.

Nous savons maintenant ce qu'il faut penser du fameux axiome qui est si en faveur aujourd'hui : « *L'enfant appartient à l'État* ». Oui, sans doute, l'enfant est membre de l'État, mais c'est par l'intermédiaire de la famille, qui est comme la cellule sociale de l'État. Oui, sans doute, l'enfant est sujet de l'État, mais c'est par l'entremise des parents, que, seuls, la nature a dotés d'un droit direct et immédiat sur leurs enfants.

La source de ce droit apparaît évidente : c'est d'abord la génération qui unit par le lien sacré du sang les enfants à leurs parents ; c'est aussi et par voie de conséquence l'obligation que la génération impose aux parents de pourvoir à l'éducation de leurs enfants.

Ceux-là donc sont dans l'erreur qui, avec Hobbes [1], expliquent le pouvoir des parents par un droit de conquête et de première occupation. Il faut en dire autant de ceux qui, avec Puffendorf [2], font dépendre le pouvoir paternel d'un pacte, exprès du côté des parents, tacite et présumé du côté des enfants.

Voulons-nous maintenant connaître l'étendue

1. *De Cive*, c. 9 ; *Léviathan*, c. 20.
2. *De officio hominis et civis*, l. II, c. 3.

du pouvoir paternel ? Des principes analysés plus haut, il est facile de conclure que ce pouvoir comprend tous les droits que réclame le rôle même de l'éducation à son triple point de vue, physique, intellectuel et moral. Mais le droit des parents ne va pas plus loin ; et si l'éducation en est la raison d'être immédiate, elle en est aussi la limite.

Ainsi donc le pouvoir paternel ne s'étend pas aux droits qui sont en dehors du rôle de l'éducation, ni surtout à ceux qui lui sont contraires, par exemple au droit de blesser gravement les enfants ou de les mettre à mort. Ces peines extrêmes sont en effet opposées à l'amour naturel qui unit les parents à leurs enfants, et elles sont loin d'être nécessaires à la mission de la société domestique.

On voit aussi « quel horrible abus font de leur autorité ces malheureux parents qui soumettent la raison naissante de leurs enfants à la funeste influence de l'erreur et du vice ; ils sont en quelque sorte coupables d'un homicide moral : ils tuent cette raison qui, conformément au vœu de la nature, doit se développer surtout grâce à la direction morale des parents [1] ».

Une autre observation que doit nous suggérer le rapport intime entre le pouvoir paternel et le

---

1. TAPARELLI, *l. c.*, n° 1563.

devoir de l'éducation, c'est que le droit des parents à l'égard de leurs enfants va sans cesse en diminuant et change de matière suivant les besoins mêmes de l'éducation. Ainsi, dans la période de l'enfance, l'éducation se réduit d'abord à des soins purement corporels, puis veille à la direction des petites passions de manière à faire éclore dans l'âme des enfants l'amour du bien et de la vertu, la haine du mal et du vice. Dans la période de l'adolescence, les parents doivent surtout conduire leurs enfants par la raison, la vérité et le droit [1]. Mais, hâtons-nous de le proclamer bien haut, il est encore une sainte mission que Dieu a confiée aux parents : c'est de développer dans l'âme de leurs enfants, dès l'âge le plus tendre, la foi chrétienne que le baptême y a déposée : c'est de leur enseigner, sous la surveillance éclairée de l'Église, les vérités de la religion et les devoirs de la morale évangélique. Nous reviendrons d'ailleurs sur cette question quand nous parlerons de l'Église et de son pouvoir d'enseignement. Enfin lorsque les enfants ont atteint l'âge de la majorité, leur éducation est censée complète, et ils sont émancipés du pouvoir paternel. Tout en restant liés envers leurs parents par le devoir de l'amour et de la re-

1. TAPARELLI, *l. c.*, n° 1500.

connaissance, leur raison et leur volonté cessent d'être en tutelle ; ils peuvent fonder à leur tour un foyer séparé et une nouvelle société domestique.

Telle nous apparaît, dans un tableau d'ensemble, l'organisation essentielle et la mission de la famille.

CHAPITRE II

LES ASSOCIATIONS

I. — Première association : l'association du travail.

Aux éléments constitutifs de la famille, société conjugale, société des parents et de leurs enfants, est venu de tout temps s'ajouter un autre élément, accidentel, si l'on veut, mais conforme à la nature : c'est la société des maîtres et de leurs serviteurs, c'est l'*association du travail*.

La société domestique « a débordé les limites

tracées par le lien du sang » [1], et le père de famille, pour trouver aide et assistance dans l'accomplissement de sa mission, a fait entrer dans la famille, comme serviteurs, des individus qui lui étaient étrangers. De là est sortie la première association se distinguant déjà de la famille proprement dite, quoique s'y rattachant encore par les liens les plus étroits : *l'association du travail.*

Cette association a été aussi le fruit de la loi de l'inégalité des conditions qui a poussé le faible, le malheureux, le vaincu de la fortune ou de la guerre, à engager, librement ou non, ses services à son semblable, et à accepter, ou à subir, l'obligation de travailler pour autrui. « En face du maître on a vu le serviteur, ou le serf, ou l'esclave ».

L'esclavage, « assimilation d'un homme à une chose, est un monstrueux démenti donné à la nature et à Dieu » ; et c'est l'honneur de la civilisation, surtout de la civilisation chrétienne, d'avoir largement contribué à son abolition.

Cependant il existe une autre association des maîtres avec leurs serviteurs, où « l'homme sert l'homme mais sans cesser d'être un homme, d'en exercer les droits, d'en revendiquer la dignité ».

1. Mgr d'HULST, *Conférences de Notre-Dame,* Carême 1894 : *La Morale de la Famille* ; Paris, 1900 ; p. 172.

C'est le service libre, qui en principe unit les serviteurs à la famille, comme ses *membres adoptifs*. Cette association a beaucoup perdu de sa stabilité et de sa cohésion à travers les âges, et elle n'est plus guère aujourd'hui qu'un simple contrat de louage, passé entre les domestiques et leurs maîtres, entre les ouvriers et leurs patrons.

Il nous faudrait dire ici quels sont les droits et les devoirs respectifs que sauvegarde la loi naturelle aussi bien chez les serviteurs que chez les maîtres. Contentons-nous de les résumer d'après l'admirable encyclique *Rerum novarum* de Léon XIII, sur la condition des ouvriers, 16 Mai 1891.

Ces droits et ces devoirs ont trait d'abord à la *justice* : les maîtres et les serviteurs doivent stipuler entre eux un contrat équitable et en observer exactement toutes les clauses.

Aux maîtres donc de respecter dans leurs serviteurs « la dignité de l'homme et celle du chrétien », et de ne point leur imposer « un travail au-dessus de leurs forces ou en désaccord avec leur âge ou leur sexe » ; aux maîtres de rétribuer par un juste salaire le travail de leurs serviteurs, et de « s'interdire religieusement tout acte violent, toute fraude, toute manœuvre usuraire » qui serait de nature à porter atteinte à leur épargne.

Aux serviteurs, à leur tour, d'accomplir consciencieusement toutes les obligations de leur travail. « Ils doivent fournir intégralement et fidèlement tout le travail auquel ils se sont engagés par contrat libre et conforme à l'équité ; ils ne doivent point léser leurs patrons, ni dans ses biens, ni dans sa personne ; leurs revendications mêmes doivent être exemptes de violences et ne jamais revêtir la forme de séditions ; ils doivent fuir les hommes pervers qui, dans des discours artificieux, leur suggèrent des espérances exagérées et leur font de grandes promesses qui n'aboutissent qu'à de stériles regrets et à la ruine des fortunes ».

Ce n'est pas tout : à ces devoirs de stricte justice viennent encore s'ajouter les exigences, non rigoureuses sans doute, mais sacrées pourtant, de la *charité*, du respect, du dévouement et de la confiance mutuelle. « L'erreur capitale dans la question présente, c'est de croire que les deux classes sont ennemies-nées l'une de l'autre, comme si la nature avait armé les riches et les pauvres pour qu'ils se combattent mutuellement dans un duel obstiné. C'est là une aberration telle qu'il faut placer la vérité dans une doctrine contrairement opposée ; car de même que, dans le corps humain, les membres, malgré leur diversité, s'adaptent merveilleusement l'un à l'autre,

de façon à former un tout exactement proportionné et qu'on pourrait appeler symétrique, ainsi,
dans la société, les deux classes sont destinées par
la nature à s'unir harmonieusement et à se tenir
mutuellement dans un parfait équilibre. Elles ont
un impérieux besoin l'une de l'autre : il ne peut
y avoir de capital sans travail, ni de travail sans
capital. La concorde engendre l'ordre et la
beauté ; au contraire, d'un conflit perpétuel, il ne
peut résulter que la confusion des luttes sauvages. Or, pour dirimer ce conflit et couper le
mal dans sa racine, les institutions chrétiennes
possèdent une vertu admirable et multiple » [1].

Ainsi s'offre à nous le premier type d'association particulière, complément et extension naturelle de la famille.

II. — Associations distinctes de la famille.

La famille, nous l'avons déjà dit, est comme la
cellule sociale autour de laquelle, par une évolution graduelle, se sont formées d'abord les différentes associations particulières, et, en dernier
lieu, la société universelle ou l'État.

Aussi bien, afin de faire face aux exigences de

____

1. Encycl. cit. *Rerum novarum.*

sa mission, la famille a-t-elle été poussée par un instinct naturel à s'adjoindre, comme auxiliaires et suppléants, non plus seulement des individus, mais encore des familles qui lui étaient étrangères.

Telle est la première espèce d'associations qui donna naissance aux tribus primitives, de la réunion desquelles sortit un jour ce grand corps politique, société complète et indépendante, qu'on appelle l'État. Ces associations sont naturelles, quoiqu'elles puissent être volontaires et libres dans leur principe, et.elles sont antérieures à la société générale dont elles deviennent plus tard les éléments constitutifs.

La société générale une fois constituée, ses membres, obéissant encore à leur instinct de sociabilité, et cherchant à satisfaire à leurs besoins individuels que l'autorité suprême ne saurait toujours atteindre, se groupent librement en différentes associations particulières. Celles-ci, comme les associations primitives que nous observions tout à l'heure, se forment donc en dehors de l'autorité publique, et elles doivent conserver leur unité propre, de manière cependant à rester unies à la société supérieure du même ordre, dont elles ne sauraient contrarier ni la fin ni la mission. Ces associations libres sont aussi variées que le but spécial qu'elles poursuivent ; c'est ainsi que, dans l'État, nous apparaissent les sociétés commerciales, industrielles, les associations ouvrières, les sociétés scientifiques, etc.

Il existe enfin une troisième espèce d'associations qui sont constituées par l'action directe et immédiate du pouvoir public de la société générale. Celle-ci, en effet, pour atteindre sa fin, qui est le bien universel de la communauté, a le droit d'exiger le concours effectif de ses membres, et a le devoir de satisfaire à tous leurs besoins sociaux. Or, d'une part, il est impossible que tous les associés aient la volonté, la capacité, le temps, le lieu, l'occasion nécessaires pour s'employer immédiatement au bien de tous ; d'autre part, l'autorité suprême ne peut par elle-même connaître en détail tous les besoins des associés. C'est pourquoi la société principale est obligée de se subdiviser en diverses associations secondaires qui possèdent une autorité propre et une administration spéciale. A cette autorité particulière il appartient d'exercer une action immédiate.sur chacun des associés, de connaître leurs besoins sociaux et d'y satisfaire, grâce aux moyens et aux ressources dont la société dispose. Tel est le principe de ces sociétés inférieures et subordonnées que fonde le gouvernement suprême d'une société parfaite, en leur attribuant une circonscription artificielle, et en les soumettant à des autorités subalternes qui relèvent directement de lui. Ainsi sont organisés dans l'État les départements, les communes, etc. [1].

Et maintenant. quel droit régit les associations en face de la société parfaite ? De quelle liberté les associations jouissent-elles en regard de l'État ? Nous l'expliquerons bientôt lorsque nous définirons les rapports juridiques entre l'État et les associations (Cf. l. III, c. III, § II).

1. TAPARELLI, *Op. cit.*, t. I, n. 691 sq.

LIVRE III

L'ÉTAT

CHAPITRE PREMIER

L'ORIGINE DE L'ÉTAT. SA FIN. SON CARACTÈRE SOCIAL.

Sommaire. La société civile ou l'État. — I. Son origine :
principe naturel : causes secondaires et humaines. —
II. Sa fin : le bonheur temporel de tous les citoyens :
conséquences pratiques ; rapport avec la fin dernière.
— III. Son caractère social : société naturelle et nécessaire ; société parfaite.

I. — Origine de l'État.

Nous avons vu dans le livre précédent comment
l'instinct de sociabilité, naturel à l'homme, donna
primitivement naissance à la famille, fondement
et racine de toute société humaine. Nous avons
vu ensuite la société domestique, ne se suffisant
plus à elle-même, s'étendre au delà de ses fron-
tières naturelles pour chercher dans l'association
avec d'autres familles un complément nécessaire
à sa mission.

Ces associations entre plusieurs familles se
sont constituées comme d'elles-mêmes pour une
œuvre commune d'assistance, de progrès ou de
défense. Bientôt ces agglomérations ou ces tribus
primitives se développèrent à leur tour, et comprirent la nécessité de s'organiser, sous une autorité capable de régler les relations juridiques
entre familles différentes, de maintenir l'ordre et
la paix, et de pourvoir à la prospérité générale.
De là prirent naissance les premières cités indépendantes, et enfin ce corps politique universel et
parfait qu'on appelle la société civile ou l'*État*.

Cette rapide analyse suffit à mettre en lumière
l'*origine* naturelle et divine de l'État. Celui-ci en
effet n'est que le fruit de l'évolution graduelle de
cette loi naturelle de la sociabilité de l'homme,
dont le principe créateur et directeur n'est pas
autre que Dieu lui-même.

Cependant, si nous considérons en particulier
telle société civile dans sa forme concrète, nous
devons convenir que si son origine se rattache à
un principe naturel, il faut pareillement tenir
compte d'un grand nombre de causes secondaires
et humaines, qui, sous la direction de la Providence, ont pu exercer une certaine influence sur
la formation de cette même société. L'histoire
nous en offre d'ailleurs d'intéressants exemples.

Telle est l'origine de la célèbre République de Venise. Celle-ci en effet se constitua grâce à la nombreuse affluence des habitants d'Aquilée, de Padoue et d'autres lieux, qui fuyant devant l'invasion des Barbares, surtout des Huns, vinrent se réfugier sur ces parages de l'Adriatique où vivaient alors seulement quelques pauvres pêcheurs. Indigènes et émigrés formèrent ensemble un État démocratique dont les pouvoirs furent confiés à des tribuns du peuple. Cette nouvelle République, primitivement organisée dans une, indépendance de fait à l'égard de l'Empire Romain, vit bientôt son autonomie reconnue par les empereurs eux-mêmes, qui avaient besoin de son assistance. Plus tard, au déclin du VIIe siècle, devant les progrès de leur République, les Vénitiens comprirent la nécessité de se choisir un chef unique électif et à vie, ou doge, comme président du gouvernement dont la forme restait toujours démocratique. Cependant, vers la fin du XIIe siècle, le régime de la République de Venise se modifia, et devint aristocratique. Ce fut pour Venise la période la plus florissante, qui se prolongea jusqu'en 1796 [1].

1. FERRETTI, *Instit. Philosophiæ moralis*, Rome, 1891 ; t. III, p. 107 sq.

II. — Fin de l'État.

Cet aperçu des origines de la société civile doit déjà nous expliquer en partie ce qui concerne sa fin et sa mission.

Or la société civile a pour *fin* de procurer le bien commun de tous les associés, individus, familles, cités, un bien compris dans l'ordre extérieur et temporel, mais un bien complet, universel et absolu en son genre, quoique subordonné à la fin dernière de toutes choses et dépendant du bien suprême qui est Dieu.

Que la fin de la société civile soit le bien commun de tous les associés, c'est, nous le savons, une condition essentielle à toute société. Que ce bien commun soit compris dans l'ordre extérieur et temporel, il est facile de le démontrer en rappelant que la raison d'être de la société civile est de suppléer à l'insuffisance de ses membres en face des nécessités extérieures de la vie présente.

L'État doit garantir à tous ses membres la possession et l'exercice de tous leurs droits ; il doit aussi favoriser le travail de leur perfectionnement en leur prêtant, s'il y a lieu, son concours positif, pour les aider à atteindre le développement de leurs forces physiques, intellectuelles et morales, dans l'ordre extérieur et purement naturel. Ainsi donc « le pouvoir civil ne crée pas la justice et la morale ; il les fait seulement régner dans l'ordre extérieur et public. Il ne crée pas non plus les droits essentiels des membres de la société ; il ne fait que les sauvegarder et les protéger, ne venant d'ailleurs directement en aide aux individus que lorsque leurs forces personnelles sont insuffisantes. Enfin il ne produit ni n'établit les lois du perfectionnement des facultés naturelles de l'homme ; il en favorise et facilite l'observation » [1].

Mais, pratiquement, en quoi consiste cette mission de la société civile ? Il lui appartient de veiller à la paix et à la prospérité publiques, de prévenir les injustices et de les réprimer, de favoriser le progrès du commerce, de l'industrie, des arts et des sciences, etc. ; en un mot, de procurer la plénitude du bonheur temporel à tous ses membres. Oui, ce bonheur temporel doit être complet, universel et absolu dans son genre ; car l'État est la plus haute raison sociale qui soit dans l'ordre extérieur et temporel, et sa fin ne saurait être subordonnée à une fin supérieure du même ordre.

Cependant il ne peut exister aucun bien, même purement matériel et temporel, qui n'ait quelque

1. MOULART, *L'Église et l'État*, Louvain, 1870, p. 56.

relation avec le Bien suprême ; il n'est aucune perfection, même simplement comprise dans l'ordre extérieur de la vie présente, qui ne soit de quelque façon un acheminement vers Dieu, perfection infinie. Il est donc nécessaire que l'État, dont la mission est de réaliser le bonheur et la perfection temporels de ses membres, ne fasse point abstraction de Dieu, mais au contraire s'oriente vers Lui comme vers sa fin dernière.

III. — Caractère social de l'État.

De tout ce que nous venons de dire touchant l'origine et la fin de la société civile, il ressort évidemment que l'État, envisagé dans sa forme abstraite, est une société *naturelle* et *nécessaire*.

L'État est l'œuvre des lois de la nature ; et c'est en dehors de tout pacte, inutile d'ailleurs autant qu'impossible, que les hommes, guidés par un instinct naturel, deviennent les membres de la société civile, sans laquelle ils ne sauraient atteindre leur perfectionnement convenable dans l'ordre extérieur et temporel. « La loi naturelle pose ce principe : l'homme doit vivre en société. D'autre part, il est prouvé que l'instinct de sociabilité ne trouve que dans la société civile sa pleine et entière satisfaction. D'où cette conséquence rigoureuse : la société civile est une société nécessaire et obligatoire pour l'homme. La société civile se rattache donc à cet ensemble d'institutions et de lois qui font partie du droit naturel. C'est dans la nature qu'elle prend sa source, c'est sur le droit naturel qu'elle se fonde ; elle ne dépend pas de la volonté des hommes, elle s'impose à elle » [1].

L'État est aussi une société *parfaite*, une société complète et indépendante, pour tout ce qui regarde l'ordre temporel ; et il n'existe pas, dans ce même ordre, de société supérieure à l'État. Nous reviendrons plus tard sur ce principe en traitant de la distinction et de l'indépendance respective de l'Église et de l'État. (Cf. l. V. c. I, § 1).

1. MONTAGNE, *Théorie de l'Être social*, p. 56.

CHAPITRE II

LES DROITS DE L'ÉTAT OU LE POUVOIR POLITIQUE.

Puisque l'État est une société parfaite, il doit être, à l'égard de ses membres, muni de tous les droits nécessaires à l'accomplissement de sa mission, et investi de cette prérogative essentielle à toute société juridique qu'est le *pouvoir public.*

Ce pouvoir, dans la société civile, s'appelle le *pouvoir politique,* et il appartient à l'État de l'exercer avec plénitude et indépendance, dans les limites toutefois de l'ordre extérieur et temporel auquel il préside.

Ces simples remarques, n'est-il pas vrai, empruntent leur démonstration aux principes généraux que nous avons exposés touchant la société parfaite. (Cf. l. 1, c. ii, § ii).

Mais il nous faut aller plus loin dans l'examen des droits de l'État, et nous devons bien établir l'origine du pouvoir politique, comme aussi en justifier la force obligatoire et en définir l'objet.

I. — Origine du pouvoir politique.

Quelle est l'*origine* du pouvoir politique ? Cette importante question a reçu plusieurs solutions fausses, mais ne comporte qu'une seule solution vraie.

1

Les erreurs modernes sur l'origine du pouvoir ont revêtu deux formes principales. La première, née au xviii° siècle, a pour auteur, ou plutôt pour vulgarisateur [1], J.-J. Rousseau : c'est la théorie du *contrat social* ou du pacte. L'autre est issue de cette philosophie de l'évolution, en grand honneur de nos jours, qui n'est condamnable qu'au-

____

1. Cf. Montagne, *op. cit. Théorie du contrat social,* p. 5 sq.

tant qu' « elle prétend rendre Dieu inutile et substituer au développement des choses sous le gouvernement du Créateur le règne de l'aveugle nécessité » : c'est la théorie de l'*organisme social*
d'après l'école naturaliste ou la théorie de l'évolution sans Dieu.

La théorie du *contrat social* s'appuie sur une
conception inexacte des conditions de la nature
humaine : elle prétend en effet que la bonté est
naturelle à l'homme, mais que la sociabilité chez
lui est une qualité acquise. « Il a vécu d'abord
isolé. Dans son existence solitaire il développait
à l'aise ses heureux instincts, mais il soutenait
contre la nature physique une lutte inégale.
L'idée lui vint de se rapprocher de ses semblables
pour mettre en commun avec eux ses forces et
son industrie. La société naquit ainsi d'un accord
volontaire ; et la rançon de la liberté absolue,
dont les individus associés devaient forcément
aliéner une part, fut le bien-être agrandi de chacun au sein de l'ordre accepté par tous. L'autorité apparut alors comme une condition de l'existence collective ; elle fut, comme l'association

elle-même, la résultante des volontés particulières convergeant vers une volonté générale » [1].

Que penser de cette hypothèse ? — Elle est à la fois gratuite et impossible. Elle est d'abord gratuite, parce que l'histoire ne fait nulle part mention de ce prétendu pacte social. Ensuite elle est impossible parce qu'elle assigne à la société civile et au pouvoir public une origine artificielle, alors que la société est l'œuvre même de la nature, aussi bien que le pouvoir sans lequel on ne saurait imaginer une société juridique quelconque, si rudimentaire soit-elle. Écoutons Léon XIII dans son encyclique *Diuturnum* : « Ceux qui font sortir la société civile d'un libre contrat, doivent assigner à l'autorité la même origine ; ils disent alors que chaque particulier a cédé de son droit et que tous se sont volontairement placés sous la puissance de celui en qui se sont concentrés tous les droits individuels. Mais l'erreur considérable de ces philosophes consiste à ne pas voir ce qui est pourtant évident : c'est que les hommes ne constituent pas une race sauvage et solitaire ; c'est qu'avant toute résolution de leur volonté, leur condition naturelle est de vivre en société. Ajoutez à cela que le pacte dont on se prévaut

1. Mgr d'HULST, *Conférences* de 1895 : *La morale du citoyen* ; Paris, 1895, p. 7.

est une invention et une chimère ; et que, fût-il réel, il ne donnerait jamais à la souveraineté politique la mesure de force, de dignité, de stabilité que réclament et la sûreté de l'État et les intérêts des citoyens. Le pouvoir n'aura cet éclat et cette solidité qu'autant que Dieu apparaîtra comme la source auguste et sacrée d'où il émane ».

La théorie de l'*organisme social* d'après l'école naturaliste ou la théorie *de l'évolution* sans Dieu, n'est pas moins inadmissible que l'erreur du contrat social. Une hypothèse gratuite est ici encore le point de départ. Le corps social serait un organisme qui aurait évolué sous l'impulsion d'une énergie aveugle, à l'image des êtres organiques. La sauvagerie aurait été l'état primitif de l'homme, et le pouvoir public tiendrait son origine de la force brutale ; mais plus tard, grâce au progrès de la civilisation, l'autorité aurait revêtu un caractère moral et se serait adressée à la conscience, produit tardif de l'évolution humaine.

Que dire de ce système, dont le philosophe anglais Herbert Spencer fut le principal représentant, sinon qu'il est aussi infirme que fantaisiste ?

On doit sans doute reconnaître un développement graduel dans la formation de la société civile ; mais comment expliquer la force morale qui s'attache à l'autorité, si, dès l'origine du pouvoir, tout caractère moral lui a fait défaut ? Faire descendre l'autorité publique de la force brutale et de l'égoïsme, n'est-ce pas légitimer la rébellion et encourager ses audaces ? [1]

2.

Combien plus rationnelle est la *thèse chrétienne* des origines du pouvoir ! La société civile est une société nécessaire, et elle tire son origine des lois naturelles, ou plus justement de Dieu, l'auteur même de la nature. Ce principe que nous avons discuté en son temps doit nous être familier. Or, nous affirme encore Léon XIII dans l'encyclique *Diuturnum*, « une société ne peut subsister ni même se concevoir s'il ne s'y rencontre un modérateur pour fondre en une seule les volontés éparses et les faire converger vers un but commun ; Dieu donc a voulu qu'il y eût dans la société civile une autorité commandant à la multitude. » Ainsi,

---

1. Cf. MONTAGNE, *Op. cit. Théorie de l'organisme social d'après l'école naturaliste*, passim.

c'est dans la volonté de Dieu que nous devons chercher le principe premier du pouvoir politique et de sa force morale. Cependant il n'est ici question que du pouvoir politique en général, abstraction faite du sujet en qui il réside et de la forme spéciale qu'il peut revêtir. Si en effet nous nous plaçons sur ce terrain concret et particulier, il nous faut reconnaître que Dieu n'intervient pas par une action immédiate et exclusive ; il ne donne pas directement l'investiture au pouvoir politique, et il ne désigne pas lui-même le sujet du pouvoir suprême, ni la forme en laquelle celui-ci 'doit s'exercer. De ce gouvernement théocratique, de ce *droit divin*, seule l'histoire du peuple d'Israël nous offre un exemple. Mais Dieu laisse aux causes secondes le soin de déterminer et la forme de l'autorité et le sujet en qui elle réside et le mode de sa transmission ; le pouvoir humain, s'il dérive de Dieu, se transmet et se détermine par le jeu naturel de l'activité humaine.

C'est pourquoi Léon XIII, dans l'encyclique *Immortale Dei*, n'a pas plus tôt cité la parole de saint Paul : *Tout pouvoir vient de Dieu*, qu'il ajoute immédiatement : « Du reste, la souveraineté n'est en soi nécessairement liée à aucune constitution politique ; elle peut fort bien revêtir cette forme ou cette autre, pourvu qu'elle soit de nature à procurer efficacement le bien commun ». Toutes les formes de gouvernement politique, république ou démocratie, aristocratie, monarchie constitutionnelle ou absolue, peuvent donc être légitimes ; et si l'on veut juger pratiquement quelle est de ces formes la meilleure pour tel ou tel peuple, il faut tenir compte de son caractère et de ses mœurs, de ses besoins et de ses aspirations, de ses tendances et de ses progrès, et aussi, dans une certaine mesure, de son histoire et de ses traditions [1].

II. — Force obligatoire et objet du pouvoir politique.

Quelle est la *force obligatoire* du pouvoir politique ?

L'origine du pouvoir de l'État est, nous venons de le démontrer, à la fois naturelle et divine. Aussi bien ce pouvoir revêt-il un caractère sacré ; ceux qui en sont investis deviennent, pour ainsi dire, les représentants et les lieutenants de Dieu ; et leur autorité s'impose à la conscience

1. Cf. Mgr d'HULST, *Le droit chrétien et le droit moderne*, p. 20 ; — *Conférences* de 1895, p. 26 sq.

des sujets comme une sorte de participation de l'autorité divine.

Tous les peuples, non seulement le peuple juif mais encore les nations idolâtres, ont fidèlement reconnu à la souveraineté temporelle de l'État ce caractère sacré et cette force obligatoire.

Le Christ, loin d'abolir les titres divins du pouvoir politique, est venu plutôt les promulguer par son enseignement et les confirmer par ses exemples. Il ordonne de rendre à Dieu ce qui est à Dieu, mais exige aussi qu'on accorde à César ce qui est à César. Lui-même paie le tribut à César ; il se soumet à l'autorité d'Hérode et de Pilate, et il va jusqu'à confesser que cette autorité vient d'en haut [1].

Les Apôtres, à la suite de leur divin Maître, proclament que la soumission aux empereurs est une obligation de conscience, parce que leur autorité est légitime et vient de Dieu. « Que toute personne, dit S. Paul, soit soumise aux autorités supérieures : car il n'y a pas d'autorité qui ne vienne de Dieu, et celles qui existent ont été instituées par Dieu. C'est pourquoi celui qui résiste à l'autorité résiste à l'ordre établi par Dieu... Le prince est le ministre de Dieu... il est donc

1. S. MATH., XVII, 21, 21 ; S. JEAN, XIX, 11.

nécessaire de vous soumettre non seulement par crainte de la colère, mais aussi par conscience » [1]. Et S. Pierre : « Soyez soumis à toute institution humaine, à cause de Dieu : soit au roi, comme au souverain, soit aux gouverneurs, comme étant envoyés par lui pour châtier les malfaiteurs et pour approuver les gens de bien » [2].

Héritière de cette doctrine du Christ et des Apôtres, l'Église n'a jamais cessé de présenter comme un dogme de sa foi l'obligation d'obéir au pouvoir établi. Cette obligation, elle l'impose comme un devoir de conscience à tous les citoyens, non seulement aux laïcs, mais encore à ses ministres, prêtres et Évêques, en tout ce qui n'est pas contraire à la liberté, à l'indépendance et à l'honneur du sacerdoce.

Car, il faut bien l'observer, ce droit, que possède le pouvoir politique, d'exiger de tous ses sujets la soumission de leur volonté et de leur conscience, a des limites qu'il ne saurait dépasser sans devenir injuste, et perdre, par le fait même, son caractère sacré et obligatoire. Ces limites sont tracés par des devoirs rigoureux que nous aurons à examiner dans la suite, et qui lient l'État non seulement envers les individus, mais encore

1. Épît. aux Rom. xiii, 1 sq.
2. I Épît. de S. Pierre, ii, 13 sq.

envers la famille et les associations, et surtout
envers Dieu, envers la Religion, et la société qui
en a été constituée la gardienne et l'interprète :
envers l'Église.

Quel est l'*objet* du pouvoir politique, en d'autres
termes, quels droits faut-il attribuer au pouvoir
de l'État vis-à-vis des citoyens ?

L'État est une société parfaite : son pouvoir
s'étend donc à tous les droits qui appartiennent
à la société parfaite. Nous savons quels sont ces
droits, et nous en avons démontré la légitimité
en même temps que nous en avons expliqué les
fonctions (cf. l. I, c. II, § II).

Ils se rattachent au pouvoir *directif*, en vertu
duquel l'État a le droit d'exercer une action efficace sur les volontés des citoyens, en instituant
des lois qui les obligent en conscience : c'est le
pouvoir *législatif*. Le pouvoir directif concède en
outre à l'État un certain rôle dans l'éducation des
intelligences des citoyens : c'est le pouvoir *d'enseignement*, que nous définirons avec soin dans le
prochain chap. III, § II, *Des devoirs de l'État
envers la famille.*

Les autres droits de l'État se rapportent au pouvoir *exécutif*, qui a mission d'appliquer les lois. Cette application des lois a lieu d'abord à l'égard des personnes des citoyens, dont l'État peut exiger, en vue du bien commun, un concours proportionné à leurs talents et à leurs ressources : c'est le pouvoir *de gouvernement*. Le pouvoir exécutif comprend aussi sous sa dépendance les services publics qui doivent contribuer à l'intérêt commun et les biens des citoyens sur lesquels l'État peut prélever certains impôts : c'est le pouvoir *administratif*. Enfin le pouvoir exécutif confère à l'État le droit de prononcer des jugements sur les actes des citoyens en désaccord avec les lois : c'est le pouvoir *judiciaire* ; et il l'investit du droit de procurer l'effet des sentences en ayant recours, si c'est nécessaire, aux peines et même à la peine de mort : c'est le pouvoir *coactif*.

CHAPITRE III

LES DEVOIRS DE L'ÉTAT

Sommaire. — I. Devoirs de l'État envers Dieu : le culte public ; *la liberté religieuse ;* nécessité sociale de la religion ; la religion d'État. — II. Devoirs de l'État envers la Famille : *liberté d'éducation et d'enseignement.* Les trois aspects de la thèse de la liberté d'enseignement : c'est pour les parents le droit de confier l'instruction et l'éducation de leurs enfants à des maîtres de leur choix ; — c'est aussi le droit acquis à tout individu de se faire instruire par des maîtres de son choix ; — c'est enfin pour tout individu le droit d'ouvrir des écoles et de communiquer à ses semblables par le moyen de l'enseignement les connaissances qu'il possède. — Droits de l'État dans la question de l'enseignement. L'enseignement *officiel.* Rôle de l'État dans l'enseignement *libre* : pouvoir d'intervention ; institution de règles préventives touchant la capacité des candidats à l'enseignement libre. L'instruction *obligatoire.* — III. Devoirs de l'État envers les Associations : *liberté d'association ;* droit d'intervention de la part de l'État. Rapports entre l'État et les Associations du travail. Syndicats révolutionnaires ; associations entre patrons et ouvriers, — contrat de louage, et contrat de société ; — Associations entre ouvriers, — syndicats professionnels, unions fédérales, mutualités.

Une erreur sociale s'affiche librement de nos jours : c'est que l'État est la source de tous les droits, et que le pouvoir public, n'ayant en face de lui aucun droit dont il ne soit lui-même le principe, n'a aucun devoir à pratiquer.

Cependant, après tout ce que nous avons dit des origines et de la mission de l'État, nous devons comprendre que la loi naturelle lui assigne des devoirs envers Dieu, et lui impose, dans ses relations juridiques avec la famille et les associations, des conditions auxquelles il est obligé de se soumettre.

I. — Devoirs de l'État envers Dieu.

En premier lieu, l'État a des devoirs envers *Dieu :* il doit le reconnaître, il doit le faire respecter. L'État ne saurait donc être athée, et il a un devoir naturel de religion à remplir antérieurement à toute révélation surnaturelle. Il doit favoriser la religion en lui prêtant l'appui des lois et la bienveillance du pouvoir ; il doit surtout se garder de rien prescrire, de rien instituer qui lui soit contraire.

C'est d'abord une dette de l'autorité humaine envers le Créateur. « Si la nature et la raison, dit Léon XIII dans l'encyclique *Immortale Dei*, imposent à chacun de nous en particulier l'obligation d'honorer Dieu et de lui rendre un culte, parce que nous dépendons de sa puissance et parce que, sortis de lui, nous devons retourner à lui, la société civile est astreinte à une loi semblable. En effet, les hommes réunis entre eux par le lien d'une commune société ne sont pas moins dans la dépendance de Dieu que s'ils vivaient isolés ; et la société n'est pas moins redevable que les individus à ce Dieu dont le dessein l'a formée, dont le vouloir la conserve, dont la munificence lui assure tous les biens dont elle jouit ».

C'est aussi une dette de l'État envers les citoyens qui lui sont soumis. Aussi bien, si le pouvoir politique affecte de méconnaître la vraie religion, il ne fait pas pour les citoyens ce qu'ils ont le droit d'attendre de lui ; si surtout il porte la moindre atteinte chez les citoyens à cette liberté sacrée des consciences, à la LIBERTÉ RELIGIEUSE, il va directement et contre le bien des citoyens qu'il est chargé de promouvoir et contre le but principal de son institution. En effet, quoique immédiatement fondé pour l'avantage temporel de ses membres, l'État ne doit rien faire qui les détourne de leur fin spirituelle, et il ne doit rien négliger de ce qui peut en faciliter la libre conquête. Écoutons encore Léon XIII, dans l'Encyclique qu'il adressait à tous les catholiques de France, le 16 février 1892 : « Dès que l'État, proclame ce grand pape, refuse de donner à Dieu ce qui est à Dieu, il refuse, par une conséquence nécessaire, de donner aux citoyens ce à quoi ils ont droit comme hommes, car, qu'on le veuille ou non, les vrais droits de l'homme naissent précisément de ses devoirs envers Dieu. D'où il suit que l'État, en manquant, sous ce rapport, le but principal de son institution, aboutit, en réalité, à se renier lui-même et à démentir ce qui est la raison de sa propre existence ».

Enfin c'est une dette de l'État envers lui-même. La religion est une nécessité sociale ; elle est la base nécessaire de la morale sociale ; et, en la protégeant, l'État protège en même temps ses propres droits. Car si l'État fait profession d'ignorer que Dieu est le créateur de l'homme et de la société, la Providence qui conserve tout par sa puissance et gouverne tout par sa sagesse ; s'il fait profession d'ignorer que toute véritable législation émane de Dieu, Maître souverain des intelligences et des volontés, quels titres invoquera-t-il pour imposer et maintenir son autorité ? Où ses

propres sujets trouveront-ils les motifs et la règle
de leurs devoirs sociaux ? En dehors des principes
de la religion, il est absolument impossible d'ar-
river jamais à constituer une société juridique
quelconque, parce que, sans ces principes, les
hommes pourront toujours s'estimer parfaitement
égaux et entièrement indépendants les uns des
autres. Or entre des êtres égaux il n'existera naturellement ni droits, ni devoirs, ni pouvoir, ni
sujets, et, conséquemment, aucun ordre possible[1].

Ainsi donc l'État se trouve engagé envers Dieu
et la religion par les obligations les plus graves
et les intérêts les plus sacrés.

Mais les devoirs de la société civile envers Dieu
vont-ils jusqu'à lui imposer la profession d'une religion d'État ? Oui, sans doute, si dans la société
dont tous les membres sont chrétiens, la croyance
religieuse rencontre, sinon l'unanimité absolue, au
moins une véritable unanimité morale. Cependant, si la diversité des croyances entre citoyens
est arrivée à un tel degré de division qu'elle semble
la condition ordinaire de la société[2], l'État, tout
en conservant en principe à la vraie religion
son caractère et ses droits de religion d'État,
pourra en pratique user de tolérance à l'égard

1. MOULART, *op. cit.*, p. 98.
2. MGR D'HULST, *Conférences* de 1895, p. 74 et 131.

des divers cultes dissidents et accomplir ainsi un acte de prudente politique. Citons encore ces paroles de l'encyclique *Immortale Dei* : « La vérité est que, si l'Église juge que les divers cultes ne peuvent être mis sur un pied d'égalité avec la vraie religion, elle ne condamne pas pour cela les chefs détenteurs du pouvoir, qui, en vue soit de procurer un grand bien, soit d'éviter un grand mal, tolèrent dans la pratique que les divers cultes soient admis dans l'État ». Tels sont, brièvement esquissés, les devoirs de l'État envers Dieu.

II. — Devoir de l'État envers la famille.

Quels sont maintenant les rapports juridiques de l'État avec la *famille* ?

La famille, nous l'avons vu, est une société nécessaire et naturelle, antérieure à la société civile qui, en effet, s'est constituée plus tard grâce au groupement des familles. La famille possède donc à l'égard de la société civile des droits inaliénables, que le pouvoir public ne saurait méconnaître ou supprimer sans violer en même temps les principes essentiels de la loi naturelle. Aussi bien, puisque la mission spéciale de la famille est l'éducation des enfants, et que c'est de là qu'elle tire sa raison d'être, une question se pose tout de suite : Quels droits l'État a-t-il le devoir de respecter et de protéger dans la famille touchant l'éducation des enfants ?

Or, nous le savons, l'éducation des enfants doit être à la fois physique, intellectuelle, morale et religieuse. A tous ces points de vue, la famille a été investie par Dieu et la nature d'une mission spéciale et sacrée. Le premier devoir de l'État est donc de ne pas s'opposer à ce droit imprescriptible des parents et de ne pas se substituer à eux, contre leur gré, dans l'éducation de leurs enfants. La *liberté de l'éducation*, tel est le premier droit que l'État a le devoir de respecter dans la famille.

Un second devoir est tracé à l'État par la nature : c'est d'assister et, au besoin, de suppléer la famille dans l'accomplissement de cette mission de l'éducation. Toutefois, dans les rapports juridiques entre l'État et la famille, il ne peut être question que de l'éducation physique et intellectuelle ; car, pour l'éducation morale et surtout pour l'éducation religieuse, la charge de suppléer la famille et même de la diriger dans sa mission est dévolue à une autre société parfaite, en raison de sa vocation spéciale et de son droit prédominant ; cette société c'est l'Église. Mais nous reviendrons plus tard sur les relations juridiques entre l'Église et la famille.

Aujourd'hui nous voulons seulement mettre la famille en regard de l'État, et c'est, on le comprend, spécialement sur le terrain de l'enseignement qu'il est utile de rappeler le droit de la famille, le droit à la liberté, et le devoir corrélatif de l'État.

1.

La liberté d'éducation et d'enseignement, voilà le grave problème dont nous allons maintenant discuter les principes.

Nous voulons comprendre la liberté d'enseignement dans son acception la plus large ; et ainsi elle se présente à nous sous trois aspects : 1° c'est pour les parents le droit de confier l'instruction et l'éducation de leurs enfants à des maîtres de leur choix qui deviennent leurs mandataires et leurs suppléants ; 2° c'est aussi le droit acquis à tout citoyen de se faire instruire par qui bon lui semble ; 3° c'est enfin pour chaque citoyen le droit d'ouvrir des écoles et de communiquer à ses semblables, par le moyen de l'enseignement, les connaissances qu'il possède. Or, à ce triple point de vue, la liberté d'enseignement est facile à justifier.

Premièrement, si on la considère comme *un droit des parents*, elle s'appuie sur les principes que nous avons exposés à propos de la mission de la famille dans l'éducation des enfants. La nature, disions-nous, exige des parents qu'ils complètent dans leurs enfants, par l'éducation non seulement physique mais intellectuelle et surtout morale et religieuse, le don de l'être qu'ils leur ont transmis par la génération. Cependant, comme les parents ne peuvent pas toujours s'acquitter par eux-mêmes de ce rigoureux devoir de l'éducation, il leur appartient de choisir librement des maîtres qui les suppléent auprès de leurs enfants. « Dès que devant Dieu et devant les hommes, dit Mgr Parisis, le père répond de l'éducation de ses enfants, il doit pouvoir la diriger à son gré ; car tout devoir a pour corrélatif un droit, et ce droit c'est la faculté de remplir le devoir lui-même » [1]. Ainsi donc l'État ne saurait supprimer ou diminuer ce droit des parents à la liberté d'enseignement sans faire violence aux lois mêmes de la nature.

Cette conclusion paraît indiscutable s'il s'agit de prouver la liberté de l'enseignement *primaire* ou *secondaire* ; car, pendant ces premières périodes de l'éducation, les enfants sont d'une manière plus spéciale soumis à l'autorité de leurs parents. Mais

1. *4ᵉ Examen sur la liberté d'enseignement* : Langres, 1844, p. 43.

les principes exposés ne semblent peut-être plus trouver aussi pleinement leur application s'il est question de l'enseignement *supérieur*, lequel s'adresse le plus souvent aux jeunes gens ayant atteint leur majorité et émancipés au moins légalement de la tutelle de leurs parents. Je dis « *légalement* » ; car de droit naturel, les enfants peuvent rester sous la dépendance et la direction de leurs parents longtemps encore après que l'âge de la majorité légale les a déjà émancipés. En tout cas, les deux autres acceptions de la liberté d'enseignement viennent compléter la première.

On peut voir en effet dans la liberté d'enseignement le droit acquis à tout citoyen de se faire instruire par qui bon lui semble, et réciproquement le droit pour tout homme d'ouvrir des écoles et de communiquer à ses semblables l'instruction qu'il possède, sauf naturellement la répression des lois, si l'on abuse de son droit.

Or la liberté de s'instruire et de se faire instruire appartient de droit naturel *à la conscience indivi-duelle.* « Les titres de ce droit, dirons-nous avec Mgr Parisis, sont écrits dans l'histoire universelle du genre humain ; ils n'ont jamais été méconnus que par les abus de l'esclavage »[1]. L'État ne peut

1. *3ᵉ Examen sur la liberté d'enseignement* : Langres, 1844, p. 75.

donc, sans violer les droits mêmes de la conscience et de la nature, mettre des entraves à cette liberté, dont jouit tout homme et tout citoyen, de puiser l'enseignement auprès des maîtres de son choix.

Il faut en dire autant de la liberté pour tout individu de manifester ses connaissances par l'enseignement, et de communiquer à ses semblables l'instruction qu'il possède, en ouvrant des écoles par sa propre initiative. C'est encore un droit dont la nature a investi toute conscience humaine ; et il n'appartient pas à l'État de priver les citoyens de cette liberté, en s'arrogeant *le monopole de l'enseignement*.

Il va sans dire que ces droits à l'enseignement libre, dont les titres, sous la garantie de la loi naturelle, sont inscrits dans la conscience de chaque individu, ne perdent rien de leur valeur s'ils sont exercés par plusieurs citoyens réunis en société ou en *congrégation enseignante*. Car cette condition-là est purement extrinsèque et ne change rien au fond de la question.

2.

Cependant on comprend sans peine que l'enseignement soit une puissance qui influe sur la société, et que la liberté d'enseignement, en tombant dans des abus, puisse devenir une licence nuisible au bien public de l'État.

De là vient, pour l'État, son *droit* et même son *devoir* de remplir un certain rôle dans l'enseignement.

D'abord il a le droit d'ouvrir lui-même des écoles et d'y fonder un enseignement, qu'on peut appeler *officiel* pour le distinguer de l'enseignement *libre*. Puisqu'en effet ce droit est accordé à tout individu, on ne saurait le refuser à l'État qui, représentant la collectivité des citoyens, doit aussi participer à leurs droits. C'est d'ailleurs le principe d'une émulation excellente pour le mouvement intellectuel de la société, où l'on voit côte à côte se répandre deux influences : celle de l'enseignement officiel ou de l'Université, et celle de l'enseignement libre.

Bien plus, ce droit devient souvent un devoir pour l'État : car, sa mission étant de suppléer aux ressources quelquefois insuffisantes des familles, il doit pourvoir à l'instruction et à l'éducation des enfants dont les parents ne peuvent ou ne veulent pas prendre soin. Or l'État s'acquitte de ce devoir en ouvrant des écoles publiques qu'il tient à la disposition de tous les citoyens.

Mais là ne se borne pas le rôle de l'État dans l'enseignement, et il peut encore faire valoir certains droits, même à l'égard des écoles libres.

Sans doute l'État ne peut pas intervenir dans l'enseignement libre par une action directe, ni lui imposer un programme ou une méthode officielle. L'institution des écoles ne saurait être en effet assimilée à ces services publics qui relèvent exclusivement de l'autorité de l'État, et grâce auxquels celui-ci peut réglementer les relations juridiques des familles entre elles, comme il fait en érigeant des tribunaux, ou en organisant les forces de la police et de l'armée. L'enseignement, avons-nous dit, est l'exercice d'un droit privé et appartient à l'évolution même de l'éducation, où l'État ne doit jouer qu'un rôle de suppléant et n'intervenir qu'à défaut des familles.

Cependant, même auprès de l'enseignement libre, l'État conserve certains droits d'intervention pour l'intérêt du bien commun.

D'abord l'État peut exercer sur les écoles libres un droit de vigilance et d'inspection, afin que rien ne s'y passe qui soit contraire à l'ordre public et au bien général de la société. Mais ce rôle de l'État est plutôt négatif, et l'autorité publique ne pourrait intervenir directement que s'il se commettait quelque délit, ou s'il y avait vraiment danger prochain que l'ordre public ne fût troublé. On ne saurait, par exemple, refuser à l'État le droit d'intervention, si, dans les écoles libres, on enseignait la légitimité de la rébellion aux lois, la légitimité du vol, ou si les bonnes mœurs y étaient offensées, ou encore si les règles d'une hygiène convenable n'y étaient point observées.

Les droits de l'État vis-à-vis de l'enseignement libre se bornent-ils au rôle que nous venons de définir ? D'aucuns le pensent ; et ces partisans d'une liberté d'enseignement absolue refusent à l'État le droit de s'assurer, par des règles préventives générales, de la capacité de ceux qui désirent enseigner dans des écoles ouvertes au public. D'autres, partisans de la légalité à outrance, soutiennent au contraire que l'État a le droit d'imposer une demande d'autorisation ou d'approbation spéciale à ceux qui veulent entrer même dans l'enseignement libre, mais public.

La vérité, comme toujours, semble tenir le milieu entre ces opinions extrêmes. L'État n'a certes pas le droit d'imposer à l'enseignément libre une demande d'autorisation, ou d'approbation officielle ; ce serait en effet établir, sous une forme détournée, le monopole de l'enseignement qui est, on le sait, une violation flagrante des droits de la famille et de la conscience individuelle. Cependant l'État peut, quoiqu'il ne soit pas toujours opportun d'urger ce droit, exiger de

ceux qui désirent enseigner dans des écoles ouvertes au public certaines garanties, par exemple
sous forme de grades, de diplômes ou de certificats de bonnes vie et mœurs, afin de s'assurer
qu'ils ne sont pas incapables ou indignes d'exercer leur ministère. Il faut d'ailleurs comprendre
parmi ces grades et diplômes admis à faire preuve
en matière d'enseignement, non seulement les
titres que décerne officiellement l'Université de
l'État, mais encore des titres équivalents, par
exemple des certificats d'aptitude ou des diplômes
conférés par des facultés libres. Ce droit de l'État
est facile à justifier : car, d'une part, il intéresse
vivement l'ordre public et le bien commun de la
société ; d'autre part, il ne contient point de
vexation envers les citoyens, ni de restriction à
leur liberté, puisqu'il a simplement pour but de
contrôler leur aptitude à l'enseignement [1].

Enfin l'État a-t-il le droit de rendre l'*instruction
obligatoire* ? Peut-il obliger les familles à donner
ou à faire donner à leurs enfants une instruction
élémentaire ? En théorie, il semble qu'on pourrait l'affirmer, si l'État se trouvait dans de telles
conditions sociales et économiques, que l'instruction fût comme un outil de travail moralement

---

1. Cf. CAVAGNIS, *Institutiones juris publici ecclesiastici*,
Pars specialis ; Rome, 1899 ; p. 107 sq.

nécessaire à tout homme pour gagner sa vie, ou comme un moyen indispensable à tout citoyen pour bien accomplir ses devoirs sociaux. Mais pratiquement ces conditions sont-elles celles des États contemporains ? La question est discutable ; et dans cette étude de principes nous n'avons pas mission de la résoudre.

D'ailleurs il est temps que nous tournions notre attention vers un autre problème, celui des devoirs de l'État envers les associations.

III. — Devoirs de l'État envers les Associations.

En dehors de la famille, vous le savez, la sociabilité de l'homme peut s'épancher dans différentes *associations* particulières. Or, quels doivent être les rapports juridiques entre l'État et ces associations ? Quel est aussi le rôle de l'État ?

Ce problème ne souffre aucune difficulté s'il est question des associations administratives et gouvernementales qui sont constituées par l'autorité publique et naissent du sein même de l'État, telles que les associations départementales et communales. Il va sans dire en effet que ces sociétés secondaires dépendent absolument, dans leur organisation comme dans leur existence, du pouvoir de l'État.

Mais il nous faut surtout envisager ici les rapports juridiques entre l'État et les associations libres qui, soit antérieurement, soit postérieurement à la formation de l'État, se constituent grâce à l'initiative des citoyens et en dehors de l'autorité publique.

Ces associations, pourvu qu'elles poursuivent une fin honnête par des moyens licites, peuvent s'organiser librement sans une autorisation spéciale de l'État. Celui-ci à son tour peut exercer sur elles un droit d'inspection et de vigilance ; mais il ne lui est loisible d'intervenir par une action directe et positive qu'autant que les associations, dans le but qu'elles poursuivent ou dans les moyens qu'elles emploient, sont en opposition avec le bien commun ou l'ordre public.

Ce principe de la LIBERTÉ D'ASSOCIATION nous paraîtra incontestable si nous nous rappelons ce que nous avons dit de la mission de l'État, qui n'est pas de contrarier ni d'absorber l'activité sociale des citoyens, ses membres, mais au contraire de la favoriser et de la suppléer. Or cette activité sociale se manifeste en premier lieu dans les associations libres, où les citoyens s'unissent pour atteindre, grâce à une assistance mutuelle, un bien particulier qui lui-même est un moyen de concourir au bien général de l'État. Celui-ci ne sau-

rait donc empêcher la formation de ces associations sans faire violence au droit naturel de ses
membres. L'État peut sans doute établir, même
parmi les associations libres, une distinction entre
associations *reconnues* et associations *non reconnues* ; mais il faut que cette reconnaissance ne
vise que des privilèges spéciaux dont soient
revêtues certaines associations, de préférence à
d'autres qui cependant conservent intactes leurs
libertés de droit commun.

On comprend déjà que ces remarques trouvent
leur spéciale application s'il s'agit des *associations religieuses*, par exemple, des congrégations
ou des ordres religieux, des confréries, des unions
paroissiales, des sociétés cultuelles, etc. ; car
l'excellence de la fin que poursuivent ces associations, aussi bien que la perfection des moyens
qu'elles mettent en œuvre, loin d'être en opposition avec le bien commun de la société civile, y
contribuent au contraire dans une large mesure,
quoique d'une manière indirecte, par leur influence
hautement moralisatrice.

L'État n'a donc pas le droit de mettre obstacle
à la formation de ces associations religieuses, ni
de leur imposer une sorte de constitution civile
comme condition *sine quâ non* de leur existence
légale ; une fois constituées, il ne peut pas davan-

tage contrarier leur activité ni prétendre à les dissoudre. En agissant autrement, l'État violerait non
seulement la liberté naturelle d'association dont
jouissent les citoyens, mais encore les droits sacrés d'une société supérieure, l'Église.

Terminons cette étude par quelques explica-
tions au sujet des rapports juridiques de l'État
avec les associations dites *Associations du travail.*

Parmi ces associations, il s'en trouve d'abord
qui ont pour but non point la défense du travail
contre certaines exploitations abusives du capital,
mais bien la lutte à outrance du travail contre le
capital, quel qu'il soit, cet ennemi déclaré dont on
subit momentanément le joug humiliant, mais
avec lequel on ne saurait jamais ni s'entendre ni
même entrer en composition.

De telles associations, cela va de soi, sont en
opposition flagrante avec l'ordre public et le bien
général de la société. Combien en effet de violences et d'injustices ne s'abritent-elles pas sous
les menées de ces syndicats révolutionnaires qui
parfois ne sont eux-mêmes que des ramifications
d'une société internationale ! Le droit et même le
devoir de l'État est donc d'empêcher la formation

de ces sortes d'associations, et, si elles sont déjà constituées, de les dissoudre, quoique cependant en pratique la tolérance puisse souvent être de sage politique.

Mais, à part ces associations dangereuses, il existe d'autres sociétés du travail qui, loin d'appeler la répression des pouvoirs publics, méritent au contraire de jouir de la plus entière liberté, et de bénéficier des faveurs de l'État.

Les unes interviennent entre le travail et le capital, entre les ouvriers et les patrons. Elles sont de deux espèces. Certaines sociétés, et c'est le plus grand nombre, sont constituées par un simple contrat de louage du travail de la part des ouvriers, moyennant un juste salaire de la part des patrons. Dans d'autres associations, les ouvriers passent avec les capitalistes eux-mêmes un contrat de société en vertu duquel, pour une exploitation industrielle déterminée, les capitalistes font apport de leurs capitaux, tandis que les ouvriers fournissent leur travail ; mais tous, capitalistes et ouvriers, dans une mesure justement proportionnée, participent aux bénéfices de l'entreprise.

Ces associations, qui doivent rester libres aussi bien de la part des ouvriers que de la part des patrons, n'ont rien de contraire au droit naturel, et, à ce titre, elles peuvent au regard de l'État bénéficier de la liberté et du droit commun qui régit les associations [1].

D'autres associations consistent en des groupements ou *syndicats professionnels* (syndicats agricoles, syndicats miniers, syndicats industriels etc.), soit entre patrons (syndicats *patronaux*), soit entre ouvriers (syndicats *ouvriers*), dont le but est de promouvoir et de défendre des intérêts communs. Ces syndicats professionnels sont ordinairement reliés entre eux par des *commissions mixtes* où les délégations des divers groupes, patronaux et ouvriers, peuvent librement et utilement discuter leurs droits respectifs et faire valoir leurs justes *desiderata*, par exemple en face des concurrences étrangères, ou en prévision de changements à introduire dans une commune entreprise de travail.

A leur tour, les syndicats professionnels similaires se constituent parfois en *unions fédérales* où puissent être efficacement centralisés tous les moyens d'action et de défense de chacun des groupes. C'est ainsi qu'on a l'Union fédérale de l'ameublement, l'Union fédérale des syndicats du bâtiment, etc.

1. Cf. Ferretti, *op. cit.*, t. III, p. 365 sq. : P. Antoine, *Cours d'Économie sociale*, Paris, 1899, p. 399 sq.

Enfin il existe des associations ouvrières organisées sous forme de *mutualités* et de *sociétés de secours mutuel*, où les ouvriers, par des moyens honnêtes et légitimes, s'unissent entre eux pour se prêter une assistance réciproque. Le plus souvent, ces sociétés tiennent à la disposition de leurs membres une caisse de secours et de prévoyance qui leur permet de faire face à des besoins particuliers du moment, ou encore qui leur assure des pensions et des retraites en cas d'accident, de maladie et d'infirmité, ou même simplement aux approches de l'ingrate vieillesse.

Toutes ces associations sont parfaitement justes, et elles rappellent à certains égards les corporations des travailleurs au moyen âge, qui, s'inspirant des principes de la religion chrétienne, accomplissaient leur charitable et pacifique mission pour le plus grand bien de la classe ouvrière et de l'État lui-même [1].

1. P. ANTOINE, *op. cit.*, p. 396 sq.

LIVRE IV

L'ÉGLISE

CHAPITRE PREMIER

L'ORIGINE ET LA MISSION DE L'ÉGLISE.
SA NATURE SOCIALE.

Sommaire. — **La société religieuse ou l'Église. I. Origine et mission.** — Institution divine et surnaturelle de l'Église. — Sa mission : le bonheur surnaturel des hommes. — **II. Nature sociale:** l'Église, véritable *société juridique* ; société *spirituelle* et *surnaturelle* ; société *visible* et *extérieure*; société *nécessaire* ; — l'Église, société *parfaite*.

Nous nous sommes contentés jusqu'ici d'initier nos lecteurs à la connaissance de cet ordre social purement humain et temporel qui atteint son plus haut degré de perfection dans l'État, société parfaite et indépendante, dont la mission est de promouvoir le bien-être matériel de tous les citoyens.

Cependant, comme nous l'avons déjà insinué, la vie sociale de l'homme est encore comprise dans un autre ordre de choses, tout divin et surnaturel, qui dépasse les limites du temps et aboutit directement à la vie éternelle. C'est là que nous rencontrons une nouvelle société parfaite et indépendante qui, parallèlement à l'État, accomplit sa mission dans le monde : cette société est la société religieuse ou l'Église, qui désormais va retenir principalement notre attention.

I. — Origine et mission de l'Église.

Qu'est-ce que l'Église ? C'est une société fondée par le Christ Jésus, où les hommes unis entre eux par l'adhésion aux mêmes vérités révélées, la participation aux mêmes sacrements et la soumission à l'autorité des mêmes pasteurs légitimes, s'acheminent vers le but surnaturel de leur vie, le salut éternel.

De cette définition découle tout ce que nous avons à dire de l'origine, de la mission et de la nature sociale de l'Église.

Tout d'abord, si nous recherchons l'origine de l'Église, nous voyons que celle-ci se rattache à une institution proprement *divine* et *surnaturelle?*

Alors en effet que les autres sociétés nécessaires, la société civile et la famille, procèdent de Dieu par une voie indirecte et éloignée, en ce sens qu'elles tirent leur origine de la nature et de ses lois dont l'auteur est Dieu, l'Église, elle, a été immédiatement instituée par Jésus-Christ, le Fils de Dieu, vrai Dieu lui-même. Dieu, en sa qualité de maître et de principe, non plus seulement dans l'ordre naturel, mais dans l'ordre surnaturel, Dieu est intervenu, par une action directe et positive, pour déterminer la forme concrète et individuelle de l'Église, et pour fixer sa constitution sociale. « Le Fils unique de Dieu (c'est Léon XIII qui parle dans son Encyclique *Immortale Dei*) a établi sur la terre une société appelée Église, et il l'a chargée de continuer à travers tous les âges le sublime et divin office que lui-même avait reçu de son Père : *Comme mon Père m'a envoyé, je vous envoie. Voici que je suis avec vous jusqu'à la consommation du siècle.* De même donc que Jésus-Christ est venu sur la terre *afin que les hommes eussent la vie et une vie plus abondante,* l'Église a même objet et même fin, à savoir le salut éternel des âmes : et sa constitution exactement proportionnée à cet objet est telle qu'elle embrasse dans son extension l'humanité tout entière et qu'elle n'est circonscrite par aucune limite ni de temps, ni de lieu. *Prêchez l'Évangile à toute créature* ».

***

Comme on le voit, la fin que se propose la société religieuse domine toutes les autres ; c'est un bien qui occupe le sommet de tous les intérêts de l'homme ; c'est la sanctification et le salut des hommes ; c'est la béatitude surnaturelle qui consiste dans la vision intuitive de Dieu. Or cette fin n'est point comprise dans l'ordre extérieur et naturel, ni circonscrite par les limites du temps ; mais elle se rapporte à l'ordre surnaturel, elle plane au-dessus des énergies et des contingences de la nature, et elle s'épanouit jusque dans l'éternité.

La société civile et les sociétés du même ordre offrent sans doute, elles aussi, en tant qu'elles sont honnêtes et légitimes, une orientation vers Dieu, bien suprême et fin dernière de toutes choses ; mais c'est là pour elles un but très éloigné et très général, tandis que, pour l'Église, c'est sa fin prochaine et immédiate, c'est sa *mission* spéciale.

II. — Nature sociale de l'Église.

En premier lieu, l'Église est une *société* véritable, une société strictement *juridique*. Elle se présente en effet à nous comme une réunion d'hommes, et ceux qui sont appelés à en faire partie sont tous les hommes ; bien plus, les membres de l'Église sont unis entre eux par le lien social le plus étroit : car l'accord des intelligences naît de la profession d'une même foi, en même temps que l'obéissance aux mêmes lois, la soumission à la même autorité divinement constituée, réalise l'union des volontés. Cette unité sociale de l'Église, cette union morale de ses membres ressort encore de l'unité de la fin qui est la sanctification et le salut éternel des âmes, et de la communauté des moyens qui sont les biens spirituels et temporels dont l'Église a le dépôt.

Aussi bien l'Église s'offre-t-elle encore à nous comme une société *spirituelle* et *surnaturelle*, puisque la fin immédiate pour laquelle le Christ l'a fondée est toute spirituelle et surnaturelle : de plus, les moyens qu'elle met au service de ses membres sont eux-mêmes proportionnés à cette fin, et revêtent un caractère surnaturel et spirituel.

Cependant, quoique essentiellement divine, spirituelle et surnaturelle, l'Église n'en est pas moins une société *visible* et *extérieure* : ses membres ne sont pas de purs esprits, mais des hommes de chair et d'os ; la forme de son gouvernement hiérarchique apparaît à tous les regards ; et parmi les biens dont elle a de droit le libre usage, il s'en trouve qui sont matériels et temporels de leur nature, tout en étant spirituels par la fin qu'ils servent à procurer.

Or cette Église visible a été instituée par Jésus-Christ comme l'unique moyen de salut pour tous les hommes, non seulement dans l'ordre privé des consciences, mais encore dans l'ordre public, où elle s'impose comme l'unique forme légitime de la société religieuse. Elle est donc, dans toute l'acception du mot, une société *nécessaire*, en dehors de laquelle aucune autre société ne peut régulièrement s'orienter vers la fin dernière ; et aucun homme ne peut atteindre à la vie éternelle ni faire son salut, s'il n'est de bonne foi et ainsi ne se rattache au moins par le désir au corps social de l'Église.

Toutefois comme l'acte initial, c'est-à-dire l'acte de foi, sans lequel aucun adulte ne saurait entrer dans l'Église, est un acte essentiellement libre, l'Église peut aussi, dans un certain sens, être appelée une société *libre*. Car, pour étendre son influence et accroître le nombre de ses fidèles, l'Église n'a jamais usé de violence ; mais elle a recours seulement à la force persuasive de la vérité ; et toujours elle a repoussé de son sein les âmes esclaves aussi bien que les âmes révoltées.

*
* *

Telles sont les principales propriétés de l'Église d'où découle son droit social. Or, comme conclusion de ce que nous avons déjà dit touchant le caractère juridique de l'Église, un problème s'impose maintenant à notre attention, et il nous faut le discuter avec soin à cause de son importance capitale pour le droit public de l'Église : L'Église est-elle vraiment une société *parfaite* ?

On se rappelle la notion générale de la société parfaite que nous avons donnée dans notre premier livre. La société parfaite, disions-nous, est celle dont la fin immédiate est un bien complet et universel dans son genre ; c'est la société qui est munie de tous les moyens nécessaires et suffisants pour atteindre sa fin (cependant la société parfaite est dite en possession de tous ses moyens non seulement quand elle les a actuellement et en fait à sa disposition, mais encore quand elle les a virtuellement, c'est-à-dire quand elle peut, au nom de son droit, les réclamer d'une autre société, qui de son côté ne saurait les lui refuser sans injustice) ; enfin la société parfaite nous est apparue comme une société indépendante vis-à-vis de toute autre société, dans l'ordre qui se rapporte à sa nature, et pour tout ce qui regarde sa propre mission.

Mais comment peut-on reconnaître qu'une société est parfaite ou non ? La perfection juridique d'une société se déduit de deux principes essentiels : soit de la nature même de cette société, soit de la volonté de son fondateur. Or, sous chacun de ces deux rapports, l'Église se révèle à nous comme une société parfaite.

Tout d'abord, l'Église est de sa nature une société parfaite. L'Église est en effet essentiellement une société suprême, puisque sa fin immédiate est suprême non seulement dans son genre, c'est-à-dire dans l'ordre spirituel et surnaturel, mais encore d'une manière absolue dans tous les genres et vis-à-vis de toute autre société ; car la fin propre de l'Église, nous le savons, c'est le bonheur éternel du ciel, la possession de ce bien infini et de cette vérité parfaite qui est Dieu ; en un mot, c'est la fin dernière elle-même vers laquelle doivent tendre toutes les créatures, les sociétés aussi bien que les individus. Or il répugne qu'une société suprême ne soit point une société parfaite, mais soit soumise à une autre société pour l'usage et l'administration de ses moyens sociaux. Il nous faut donc conclure que l'Église est une société parfaite et qu'elle est en possession de tous les moyens nécessaires pour atteindre sa fin.

D'ailleurs la volonté de son divin Fondateur a sans nul doute conféré à l'Église le caractère juridique de société parfaite.

Et d'abord, quelle absurdité de prétendre que Jésus-Christ, le Fils de Dieu, l'Infinie Sagesse, n'aurait pas suffisamment pourvu au bien de son Église ! Et cependant, il n'en serait pas autrement si l'Église n'était pas une société parfaite, mais se trouvait sous la dépendance d'une autre société pour l'exercice de ses pouvoirs et la mise en action de ses moyens sociaux. Combien en effet d'obstacles et de dangers cette situation inférieure et subordonnée n'entraînerait-elle pas pour la mission de l'Église et pour sa propre conservation !

Mais, en fait, il est facile de démontrer que Jésus-Christ a constitué son Église en société parfaite. Recourons au saint Évangile, où se trouve, pour ainsi dire, consignée la charte constitutionnelle de l'Église. Nous y voyons Jésus-Christ instituer dans son Église des pouvoirs éminents qui lui sont propres, des pouvoirs complets et pléniers dont l'indépendance juridique est absolue. Ainsi s'adressant à saint Pierre, son vicaire et le chef suprême de l'Église, Jésus lui dit, en saint Mathieu, XVI, 18 et suiv. : *Tu es Pierre, et sur cette pierre je bâtirai mon Église, et les portes de l'enfer ne prévaudront pas contre elle ; et je te donnerai les clefs du royaume des cieux. Et tout ce que tu auras lié sur la terre sera lié aussi dans le ciel, et tout ce que tu auras délié sur la terre sera délié aussi dans le ciel.* Ces mêmes paroles, Jésus les redit, en une autre circonstance, à tout le collège de ses apôtres, comme on peut le voir au chapitre XVIIIe de saint Mathieu. Or le pouvoir de lier et de délier dans le domaine des choses spirituelles, pouvoir conféré à l'Église sans condition, sans restriction, sans aucune dépendance vis-à-vis de personne, est proprement le pouvoir législatif souverain. « *Tout ce que tu auras lié, tout ce que tu auras délié sur la terre* », dit Notre-Seigneur : c'est donc pour l'Église le pouvoir le plus étendu, qui comprend tous les moyens nécessaires à sa mission spirituelle et surnaturelle. « *Sera lié dans le ciel, sera délié dans le ciel* », ajoute Jésus : il n'existe donc pas de pouvoir intermédiaire entre le pouvoir de l'Église et le pouvoir de Dieu qui le ratifie.

C'est pourquoi il nous faut conclure avec Léon XIII, dans l'Encyclique *Im...rtale Dei* : « L'Église constitue une société parfaite dans son genre et dans ses droits, parce que, de l'expresse volonté et par la grâce de son Fondateur, elle possède en elle-même et par elle-même toutes les ressources qui sont nécessaires à son existence et à son action. Et comme la fin à laquelle tend l'Église est la plus noble de toutes, de même son pouvoir l'emporte sur tous les autres pouvoirs et ne peut en aucune façon être subordonné ni assujetti à la puissance civile ».

D'ailleurs, l'Église s'est toujours proclamée indépendante de tout pouvoir humain, et jamais elle n'a cessé de revendiquer et d'exercer publiquement son pouvoir parfait et souverain. « Les premiers champions de l'autorité de l'Église, dit encore Léon XIII dans la même Encyclique, ont été les apôtres, répondant avec fermeté aux chefs de la Synagogue qui voulaient les empêcher de répandre l'Évangile : *Il vaut mieux obéir à Dieu qu'aux hommes.* Les Pères de l'Église se sont efforcés de la défendre par les raisons les plus solides et les plus appropriées aux circonstances. Les Pontifes romains l'ont toujours revendiquée avec une constance invincible contre ses adversaires. Bien plus, elle a eu pour elle l'assentiment théorique et effectif des princes et chefs d'États, lesquels dans leurs négociations et dans leurs traités, soit en envoyant, soit en recevant des ambassadeurs, et par l'échange d'autres bons offices, ont constamment agi avec l'Église comme avec une puissance souveraine ».

Aussi voyons-nous l'Église établir des sièges

épiscopaux, réunir des conciles, condamner les hérésies, corriger les abus et porter des lois par sa seule autorité. Quand, au xive siècle, Marsile de Padoue, le premier parmi les hérétiques, ose nier l'autorité parfaite et l'indépendance juridique de l'Église, le pape Jean XXII le condamne solennellement, en lui rappelant que le pouvoir de l'Église étend son obligation même à ceux qui refusent de le reconnaître. Après Jean XXII, les Papes n'ont cessé de proclamer cette doctrine traditionnelle touchant la perfection sociale et la souveraineté juridique de l'Église. Plus près de nous, Pie IX en a rappelé les imprescriptibles principes dans l'Encyclique *Quanta cura*, et il a condamné l'erreur contraire formulée dans la proposition XIXe du *Syllabus* : « L'Église n'est pas une société véritable, une société parfaite et pleinement indépendante ; elle ne jouit pas non plus de ses droits propres et constants que son divin Fondateur lui a conférés ; mais il appartient au pouvoir civil de définir quels sont les droits de l'Église et dans quelles limites ils peuvent être exercés ». Enfin Léon XIII, dans plusieurs Encycliques, spécialement l'Encyclique *Immortale Dei*, a exposé le droit public de l'Église société parfaite avec une incomparable précision et une lumineuse clarté, en même temps qu'une infaillible autorité.

CHAPITRE II

LES POUVOIRS DE L'ÉGLISE

Sommaire. — Les pouvoirs de l'Église : le pouvoir *d'ordre* et le pouvoir de *juridiction*. — I. Le pouvoir directif. Pouvoir *d'enseignement*. - Enseignement religieux et révélé ; – instruction et éducation religieuses des enfants ; l'Église a le droit d'intervenir dans la famille et à l'école ; – la question de la neutralité ; – l'Église a aussi le droit d'ouvrir des écoles, séminaires et écoles libres. - Pouvoir *législatif*. — II. Le pouvoir exécutif : pouvoir du *gouvernement* ; pouvoir d'*administration*, - l'Église a le droit de posséder et d'administrer librement des biens temporels ; pouvoir *judiciaire* ; pouvoir *coercitif*.

L'Église, société divine et spirituelle, société extérieure et nécessaire, est en même temps une société parfaite. Tel est le principe d'où découlent tous les *pouvoirs* de l'Église. Quels sont ces pouvoirs ? Quel en est l'objet et l'étendue ? C'est le nouveau problème qui maintenant s'impose à notre examen.

La fin de l'Église, on s'en souvient, est la sanctification et le salut éternel des fidèles. Mais cette fin ne saurait être réalisée sans la grâce sanctifiante, ce don gratuit de Dieu, cette force surnaturelle qui élève l'âme, la transfigure et la déifie pour ainsi dire. Or, pour conférer cette grâce, Jésus-Christ a institué les sacrements comme autant de canaux nécessaires, et il a voulu aussi qu'à la vertu des sacrements vînt s'ajouter la libre coopération de l'homme apportant les dispositions convenables pour recevoir cette divine grâce, et s'efforçant par les bonnes œuvres de la conserver et de l'augmenter en lui.

C'est pourquoi les pouvoirs confiés à l'Église en vue de sa mission sont de deux espèces : l'un regarde la confection et l'administration des sacrements, c'est *le pouvoir d'ordre* ; l'autre a pour but de donner aux fidèles, à leur intelligence et à leur volonté, une direction sage et efficace pour les aider à coopérer à l'action de la grâce conférée par les sacrements, c'est *le pouvoir d'autorité ou de juridiction.*

Le *pouvoir d'ordre* a donc été institué par Jésus-Christ pour veiller à la confection et à l'administration des sacrements : c'est une puissance divine qui réside dans l'âme comme une faculté surnaturelle et inamissible. Nous envisageons ici l'Église au point de vue social et juridique ; nous n'avons donc pas à nous occuper davantage du pouvoir d'ordre, de sa nature et de ses diverses fonctions ; nous en dirons seulement quelque chose un peu plus tard quand nous montrerons, parallèlement à la hiérarchie de juridiction, la place que tient la hiérarchie d'ordre dans la constitution de l'Église.

Quant au pouvoir d'autorité ou de *juridiction*, dont l'Église est investie surtout en sa qualité de société parfaite, il a mission de guider efficacement les fidèles dans l'usage des moyens de sanctification que Jésus-Christ a mis à leur disposition. C'est le pouvoir public de l'Église.

Le pouvoir public d'une société parfaite, disions-nous dans notre premier livre, comprend deux fonctions essentielles : l'une DIRECTIVE, qui a pour mission de tracer les règles générales auxquelles doivent se conformer les intelligences et les volontés des membres pour atteindre la fin sociale : c'est la raison d'être du pouvoir *d'enseignement* et du pouvoir *législatif* ; l'autre, EXÉCUTIVE, qui consiste à faire l'application particulière de ces règles de manière à en retirer la plus grande utilité pratique pour le bien commun de la société : à ce titre on distingue le pouvoir de *gouvernement*, le pouvoir *d'administration*, le pouvoir *judiciaire* et le pouvoir *coactif*. Nous allons maintenant étudier dans l'Église, société parfaite, l'application spéciale de ces principes.

1. — Le pouvoir directif.

Le POUVOIR DIRECTIF de l'Église a un rôle très étendu : sa mission est en effet d'orienter l'homme tout entier vers la possession de Dieu, sa fin dernière, et de proposer à tous les hommes en général ce qu'ils doivent penser, vouloir et faire pour obtenir leur sanctification et leur salut. Or ce pouvoir s'exerce de deux manières : d'abord vis-à-vis des intelligences, par l'enseignement des vérités que Dieu a révélées, et que l'Église est chargée de conserver, d'expliquer et de propager parmi les hommes : c'est le *magistère* ou le *pouvoir d'enseignement* ; ensuite, vis à-vis des volontés, par l'institution des lois, c'est-à-dire de règles morales positives, mises en harmonie avec les variations des temps et des circonstances : c'est le *pouvoir législatif*.

1

L'Église possède donc à l'égard de ses membres un *pouvoir d'enseignement*, et même, à proprement parler, elle nous apparaît comme une *société enseignante*.

Examinons d'abord la question au point de vue de *l'enseignement religieux et révélé*. On ne saurait douter que Jésus-Christ ait établi dans l'Église un magistère chargé de la triple mission de conserver intacte, d'interpréter infailliblement et d'enseigner avec autorité la doctrine de l'Évangile. La preuve nous en est fournie dans saint Mathieu, XXVIII, 16-20 : « Les onze disciples s'en allèrent en Galilée sur la montagne que Jésus leur avait indiquée. Et Jésus s'approchant, leur parla ainsi : « Toute puissance m'a été donnée dans le ciel et sur la terre. Allez donc, *enseignez toutes les nations*, les baptisant au nom du Père, et du Fils, et du Saint-Esprit, et leur *enseignant* à observer *tout ce que je vous ai commandé*. Et voici que je suis avec vous tous les jours, *jusqu'à la consommation des siècles* ». Ainsi donc c'est aux Apôtres et à leurs successeurs jusqu'à la fin des temps que la mission d'enseigner à tous les peuples les vérités du salut a été exclusivement confiée.

En vertu de ce pouvoir, l'Église seule a le droit de procéder à de nouvelles définitions touchant la foi et les mœurs, et aussi de condamner les erreurs contraires. C'est dans ce but que Jésus-Christ lui a conféré le privilège de l'infaillibilité qui, grâce à l'assistance spéciale du Saint-Esprit, maintient son magistère dans l'indéfectible vérité.

Ensuite, comme l'Église est chargée de préserver et d'éclairer la foi dans le cœur des fidèles, elle a incontestablement le pouvoir de proscrire tout ce qui pourrait être un danger de perversion pour les âmes ou qui s'opposerait au développement de la saine doctrine. En particulier, l'Église a le droit de condamner et de défendre les livres qui propagent de fausses doctrines ou qui peuvent être pour les fidèles une source d'erreur et de séduction.

L'Église seule a donc reçu la mission d'instruire les fidèles des vérités de la religion, et personne ne saurait se soustraire à son autorité pour enseigner la doctrine de l'Évangile.

Aussi bien les saintes fonctions de la prédication apostolique sont-elles dévolues aux seuls ministres de l'Église, et, pour les exercer légitimement, il ne suffit pas d'avoir reçu les ordres sacrés, mais il faut encore en être chargé par le pape ou l'évêque : car le magistère est un véritable pouvoir de juridiction qui dépend de la libre volonté des supérieurs, et sans mission il n'y a point d'apostolat.

De même, c'est à l'Église seule qu'il appartient de diriger l'enseignement théologique, et, à ce titre, d'instituer des facultés et des chaires de théologie ou de droit canonique. C'est donc avec raison que Pie IX a condamné l'opinion contraire dans la proposition XXIIIe du *Syllabus*.

Mais le pouvoir enseignant de l'Église doit-il être limité à ce que nous venons de dire ? Quels sont les droits de l'Église touchant *l'instruction et l'éducation des enfants*, et, à ce point de vue, quels sont les rapports de l'Église avec la famille et les écoles chargées de la suppléer? Telle est la thèse d'une importance majeure qu'il nous faut maintenant étudier.

Nous savons déjà que l'éducation des enfants constitue pour les parents le plus grand et le plus sacré des devoirs, mais qu'aussi ils peuvent librement s'associer, dans cette sainte et délicate mission, des instituteurs qui soient leurs mandataires et leurs suppléants. Nous savons d'autre part que l'éducation a pour but d'achever l'être vivant que la naissance a ébauché, et qu'ainsi elle prend autant de formes qu'il y a dans l'enfant de facultés à développer : c'est pourquoi elle doit cultiver et développer non seulement les facultés physiques du corps, mais surtout les facultés intellectuelles par *l'instruction*, et les facultés morales et religieuses par *l'éducation* proprement dite. Or, soit que nous la considérions comme instruction, soit que nous l'envisagions comme éducation morale, l'éducation des enfants nous apparaît soumise par certains côtés au pouvoir enseignant et directif de l'Église, et des rapports juridiques doivent s'établir entre l'Église et les familles ou les écoles chargées de les suppléer.

Commençons par l'*instruction* et l'éducation intellectuelle qui consiste à exercer et à développer toutes les forces, toutes les puissances de l'intelligence.

Aussitôt que l'intelligence de l'enfant commence à s'éveiller, le devoir des parents est de lui donner la nourriture que sa nature même réclame : *la vérité*. Or il n'est pas de vérité plus essentielle et plus nécessaire que la vérité divine, la *vérité religieuse* ; et c'est là seulement que l'intelligence peut trouver sa perfection et son repos. L'existence d'un Dieu infiniment parfait et souverainement aimable, le bienfait de la création et de la redemption, le but suprême et surnaturel de la vie de l'homme, les devoirs pratiques de la religion, c'est-à-dire de « ce lien sacré qui rapporte, qui rattache la créature à son Créateur, l'homme à Dieu, la terre au ciel, le temps à l'éternité, et qui par conséquent élève dans l'enfant la vie présente jusqu'à la vie éternelle »[1], voilà autant de vérités qui doivent avoir la priorité sur toutes les autres

1. Mgr DUPANLOUP. *De l'Éducation* ; Orléans, 1850, t. I, p. 147.

dans l'instruction des enfants. Les éléments essentiels de toutes ces vérités, dont l'ensemble constitue l'objet de *l'enseignement religieux*, sont expliqués dans le *catéchisme*. « A lui seul, ce recueil sublime et populaire contient tout ce que l'homme ne peut ignorer sans déchoir ; il offre plus de solutions aux grands problèmes de la vie, des solutions plus nettes, plus fermes, plus satisfaisantes que toutes celles qu'une philosophie orgueilleuse propose à ses adeptes. Et ce trésor de vérité ne sera pas l'apanage d'une classe privilégiée : les plus humbles le posséderont tout entier, quelquefois plus pleinement que les heureux du siècle, parce qu'ils l'auront cherché d'un cœur plus sincère »[1].

Ce principe, incontestable déjà au point de vue du droit naturel, devient plus évident encore s'il est question de parents chrétiens qui, en accordant à leurs enfants le bienfait du baptême et de la foi, font pour ainsi dire hommage à Dieu de l'intelligence de ces petits êtres, et la soumettent pour toujours à l'enseignement infaillible de l'Église.

Il est donc certain que l'instruction religieuse doit avoir une large place dans l'éducation intellectuelle de l'enfant ; et l'Église, qui possède seule,

---

1. Mgr d'Hulst, *Conférences* de 1894, p. 124.

de droit divin, la mission de prêcher et de définir
la divine doctrine, a un rôle important à remplir
dans cette grande affaire de l'instruction religieuse des enfants chrétiens.

Ce rôle nous apparaît différent selon qu'il s'agit
de l'enseignement religieux donné par les parents
et leurs suppléants dans la famille, ou bien de l'enseignement religieux donné dans les écoles publiques.

En effet, s'il est question de l'enseignement religieux familial, qui n'est pas autre chose que
l'exercice du droit naturel des parents dans l'éducation de leurs enfants, l'intervention de l'Église
peut seulement consister à diriger et à surveiller
cet enseignement, de même qu'à en définir l'objet ;
mais, pour remplir leur office de catéchistes, les
parents ou les maîtres privés n'ont pas besoin
d'une approbation spéciale de l'autorité ecclésiastique [1].

Si au contraire l'enseignement religieux est
donné dans les écoles publiques, il appartient à
l'Église de désigner ou d'approuver spécialement
les catéchistes, car l'enseignement dans ces écoles
est donné au nom de l'autorité publique, et l'autorité publique en matière religieuse n'est pas

1. CAVAGNIS, *op. cit.*, *II° Pars*, p. 160 sq.

autre que l'Église [1]. Il faut en dire autant, ce semble, des écoles instituées par des particuliers et assimilées aux écoles publiques.

Bien plus, l'Église, dans les écoles même constituées en dehors de son autorité, possède indirectement un droit de surveillance et de contrôle, mais non pourtant de direction positive, sur l'*enseignement profane* des catholiques. C'est qu'en effet la plupart des sciences, comme l'histoire, la philosophie, le droit social, ont avec la religion des rapports nécessaires et intimes. Ceux qui les enseignent sont souvent amenés, par les conséquences mêmes de ces sciences, à toucher aux questions religieuses, et exposés ainsi à se mettre en contradiction avec la doctrine chrétienne. Si cette contradiction vient à se produire, elle constitue un danger réel pour la foi des auditeurs. L'Église alors peut et doit intervenir pour combattre l'erreur et rétablir dans tous ses droits la vérité religieuse et révélée. C'est ce qu'insinuait Pie IX dans la lettre *Tuas libenter* du 21 décembre. 1863 à l'archevêque de Munich : « Bien que ces sciences naturelles aient pour fondement des principes qui leur sont propres et que la raison démontre, les catholiques qui s'y adonnent doivent

_____
1. CAVAGNIS, p. 170.

prendre la révélation divine comme leur étoile
conductrice ; et, guidés par sa lumière, ils doivent
avoir grand soin d'éviter les périls et les erreurs,
surtout quand ils s'aperçoivent que leurs re-
cherches et leurs travaux peuvent facilement
les amener à énoncer des propositions contraires
à l'infaillibilité de la vérité révélée par Dieu ».

Si maintenant de l'instruction nous passons à
l'éducation proprement dite, c'est-à-dire à l'*éducation morale*, nous voyons encore la religion
y réclamer impérieusement sa place, et l'Église
se mettre en rapport avec la famille et l'école pour
y faire valoir de nouveau tous ses droits.

L'instruction n'est certes pas toute l'éducation ; mais l'éducation morale en est le complément nécessaire. L'instruction pourvoit l'esprit
et donne des connaissances : l'éducation morale
forme la volonté, la conscience et le caractère ;
elle *élève* l'âme tout entière et fait germer dans
le cœur les inclinations vertueuses propres à
assurer le repos et l'innocence de la vie. L'instruction fait les savants : l'éducation morale fait les
hommes. L'instruction n'est qu'un moyen : l'éducation morale est le but. Aussi bien l'instruction

et l'éducation sont-elles deux choses inséparables.
« On ne peut, écrivait Léon XIII dans une lettre
au Cardinal-Vicaire, le 26 juin 1878, on ne peut
en aucune façon renouveler sur l'enfant le jugement de Salomon, et, contre toute raison et toute
humanité, le diviser en deux moitiés, l'intelligence
et la volonté; tandis qu'on cultive la première de
ces facultés, il faut aussi appliquer l'autre à l'ac-
quisition des habitudes de vertu et à la poursuite
de la fin dernière. Tout éducateur qui néglige le
soin de la volonté pour donner son attention exclusivement à la culture de l'esprit, met au service
des natures mauvaises des armes dangereuses, à
savoir la science s'unissant à la méchanceté, et
souvent à la force. C'est un mal auquel il n'y a
point de remède » [1].

Or se peut-il concevoir une éducation morale
sans Dieu, sans religion? Mais l'éducation est une
œuvre essentiellement divine, et Dieu en est à la
fois le principe et la fin, comme le rappelait der-
nièrement S. S. le Pape Pie X dans sa Lettre
Encyclique sur *l'enseignement de la doctrine chrétienne*, le 15 avril 1905. Où trouver en effet la
source de l'obligation morale, sinon en Dieu lui-

_____

1. *Acta S. Sedis*, t. XI, p. 100. — Cf. CAVAGNIS, *l. c.*, p.
153. — Mgr DUPANLOUP, *l. c.*, p. 180. — MGR D'HULST, *l. c.*,
p. 112.

même ? Où chercher la sanction nécessaire de cette obligation, sinon encore en Dieu ? Bâtir l'édifice de l'éducation morale sur un autre fondement que la religion, c'est vraiment bâtir sur un sol mouvant et vouer l'édifice tout entier à la ruine ! Il suit de là que l'éducation morale doit être nécessairement aussi une éducation religieuse. Il ne suffit pas non plus que la religion ait une part quelconque dans l'éducation : il faut qu'elle en soit pour ainsi dire l'âme tout entière, qu'elle la pénètre, l'inspire et la soutienne sans cesse de sa divine influence.

Il nous est maintenant facile de comprendre que l'Église catholique, expression divine de la vraie religion ici-bas, dont la mission est de relier à Dieu, Vérité parfaite et Bonté infinie, non seulement l'intelligence de ses fidèles, mais surtout leur cœur et leur volonté, l'Église catholique est appelée à jouer un grand rôle dans l'éducation morale des enfants chrétiens.

Ce rôle sacré, l'Église peut le remplir non seulement dans le milieu de la famille, mais encore dans les écoles privées ou publiques, en étendant son contrôle et sa vigilance sur tout l'ensemble de l'éducation morale de la jeunesse studieuse, afin que tout y soit en harmonie avec la loi divine et que rien n'y offense les droits de la vertu chrétienne. De même donc que si l'instruction vient à être en opposition avec la doctrine catholique et à offrir un danger pour la foi des étudiants, l'Église peut et doit intervenir pour combattre l'erreur et rectifier l'enseignement du maître, de même, si l'éducation se met en contradiction avec la loi divine et la morale chrétienne et constitue un péril pour la vertu des élèves, l'Église a le droit et le devoir d'intervenir pour s'opposer à ce désordre.

Sans doute, une approbation spéciale de l'Église ne saurait être imposée aux maîtres qui, dans les écoles publiques, enseignent la jeunesse catholique, sous prétexte qu'ils sont en même temps de quelque manière chargés de l'éducation, excepté pourtant s'il s'agit des professeurs d'instruction religieuse, ainsi que nous l'avons déjà fait remarquer ; mais l'Église n'en a pas moins le droit de s'assurer de leur moralité aussi bien que de leur orthodoxie, et s'ils viennent à être répréhensibles à cet égard, elle peut exiger qu'on les avertisse et même qu'on leur retire leur charge. Il va sans dire aussi que, dans les écoles des catholiques, l'Église a le droit de contrôler les programmes d'études et d'examiner tous les manuels, spécialement ceux de morale et d'éducation.

**

***

Après tout ce que nous avons dit jusqu'ici de la mission de la religion dans l'instruction et l'éducation, et des droits que l'Église peut à ce titre faire valoir, non seulement dans la famille, mais encore dans l'école où sont élevés les enfants des catholiques, nous savons ce qu'il faut penser de cette malheureuse théorie de la *neutralité* de l'instruction et de l'éducation que Rousseau avait déjà cherché à rendre populaire dans son *Emile* si vanté.

Voici, n'est-il pas vrai, la formule sous laquelle on a coutume de la présenter : les maîtres à l'école, et même les parents dans la famille, doivent éviter de donner aux enfants tout enseignement et toute éducation ayant un caractère religieux et confessionnel, afin de ne point gêner la libre évolution de leur conscience, mais de leur permettre de se former un jour eux-mêmes le jugement en matière de religion.

Or ne voit-on pas combien cette théorie de la neutralité à l'école et surtout dans la famille est injuste, pernicieuse et pratiquement impossible ?

C'est d'abord une *injustice* de sevrer ainsi l'enfant de toute vie religieuse : car de quel droit refuser à son intelligence cette divine lumière qu'elle réclame du fond même de sa nature et qui seule peut lui révéler par la foi le but suprême de de la vie de l'homme? De quel droit refuser à son cœur cette sainte règle, cette suave loi à laquelle tout son être aspire, et qui seule peut véritablement le former et l'*élever* dans la perfection morale ?

C'est ensuite une tentative *pernicieuse*. Pour l'enfant, la neutralité est fatalement corruptrice : accoutumer l'enfant, dès sa première éducation, à ensevelir son intelligence et son cœur dans les créatures uniquement, sans jamais les élever jusqu'au Créateur, n'est-ce pas fausser sa tendance naturelle, éteindre les aspirations les plus nobles de son âme et lui faire manquer sa vie ? Aussi bien, pour la société, la neutralité scolaire devient-elle une source de malaise et de désordre, car, au lieu de préparer des citoyens honnêtes et vertueux, elle ne fait souvent que des hommes vicieux et des déclassés.

C'est enfin une chose pratiquement *impossible* de la part du maître, et à plus forte raison du père de famille : comment en effet aborder des questions d'enseignement et surtout des principes d'éducation sans être obligé de se prononcer sur les questions religieuses, et surtout sans laisser

percer ses sentiments intimes, ou sa foi ortho-
doxe, ou ses erreurs et son impiété ? C'est d'ailleurs
aussi une impossibilité du côté de l'enfant : car la
curiosité naturelle de l'enfant qui, dès ses premiers bégaiements, demande à chaque instant le
pourquoi des choses, cette curiosité sera sans
cesse à la recherche de ces idées premières de la
religion sur lesquelles bon gré mal gré il faudra
lui donner une réponse et une solution [1]. « Quoi !
repousser la religion loin du jeune âge ! Mais
c'est un délire ! Comme si la racine de la religion
n'était pas profonde dans les entrailles de l'humanité ! Comme si ses rapports n'étaient pas les
premiers dans l'ordre des choses et les plus nécessaires, et par conséquent ceux que notre esprit comprend plus tôt et plus aisément que tous
les autres ! Comme si ses inspirations n'étaient
pas les plus naturelles au cœur de l'homme et de
l'enfant ! Comme si le nom du *bon Dieu* n'était
pas sur les lèvres de cet enfant le premier témoignage d'une âme naturellement religieuse et chrétienne ! Comme si l'Évangile du Sauveur, qui le
premier sur la terre a béni les enfants, ne devait
pas être la première loi de leur cœur et le premier
livre de leur intelligence à son réveil ! Comme si

1. TAPARELLI, *op. cit.*, t, III, n. 1561.

le but de l'éducation qui est de faire de l'enfant un
homme, n'était pas aussi, providentiellement, d'en
faire un chrétien, puisque le christianisme est
manifestement la perfection intellectuelle et morale de l'humanité ! [1] »

Mais le pouvoir directif et enseignant de l'Église
ne consiste pas seulement dans ce droit d'intervention que nous venons d'analyser, et que
l'Église peut faire valoir touchant l'instruction et
l'éducation des enfants, soit dans les familles, soit
dans les écoles privées ou publiques constituées
en dehors de sa propre initiative. En effet, ce pouvoir comporte encore pour l'Église le droit d'ouvrir
elle-même des *écoles*, aussi bien pour l'éducation
des laïcs que pour la formation des clercs.

Tout d'abord l'Église a le droit exclusif d'instituer et d'organiser des *séminaires* pour l'éducation des clercs. L'Église a seule en effet la
compétence nécessaire pour préparer, par une
formation spéciale, ceux qu'elle destine à être un
jour ses ministres. Ce principe trouve son application pour les petits comme pour les grands

1. Mgr DUPANLOUP, *op. cit.*, t. I, p. 157.

séminaires : car les petits séminaires, encore qu'ils
no préparent pas immédiatement au sacerdoce,
doivent être, d'après les constitutions du Concile
de Trente, orientés de quelque manière vers une
éducation proprement cléricale. A l'Église seule il
appartient donc de fixer les programmes d'études
et d'organiser la discipline dans les séminaires,
et l'État ne peut y exercer aucun contrôle positif,
si ce n'est peut-être touchant les prescriptions
d'hygiène réclamées par la salubrité publique.
Pie IX a condamné la doctrine contraire dans la
proposition xLvi[e] du *Syllabus* : « Même dans les
séminaires des clercs la méthode d'enseignement
doit être soumise à l'autorité de l'État ».

Ensuite, avons-nous dit, l'Église a aussi le
droit d'ouvrir des *écoles* pour les laïcs. Ce droit
qu'elle a exercé de tout temps, et dont personne
n'ignore les bienfaits, trouve sa justification dans
le principe même de *la liberté d'enseignement*,
tel que nous l'avons exposé dans le livre précédent. Si en effet la liberté pour tout individu
de manifester ses connaissances par l'enseignement, et de communiquer aux autres l'instruction
qu'il possède, en ouvrant des écoles de sa propre
initiative, si cette liberté, dis-je, est un droit dont
la nature a investi toute conscience humaine,
comment la refuser à l'Église, cette société par-

faite qui représente la collectivité même des consciences, soumises, par la foi, à une vérité surnaturelle et, par l'obéissance, à une autorité divine? Si
d'ailleurs on reconnaît à la religion la part qui lui
revient dans l'instruction et l'éducation, une nouvelle preuve vient confirmer ce principe. Et puis,
comment ne pas admettre la compétence spéciale
de l'Église dans l'enseignement et l'éducation,
elle qui, en vertu de sa divine mission, est essentiellement une société enseignante, chargée de
promouvoir la plus haute éducation morale qui
soit au monde, l'éducation chrétienne ?

Le droit d'ouvrir des écoles appartient donc à
l'Église ; et elle peut en user librement, non seulement pour l'enseignement et l'éducation populaire
et primaire, mais encore pour l'enseignement secondaire et supérieur. Bien plus, il lui est loisible
de fonder des universités indépendantes de l'État,
et même, à le bien prendre, elle seule peut fonder de
véritables universités, puisque seule elle a le droit
d'instituer et d'organiser des facultés de théologie.
L'Église peut aussi conférer des diplômes et des
grades académiques, car il appartient toujours
aux maîtres de donner aux élèves bien méritants
des témoignages de leur science et de leur capacité : et les diplômes ou les grades ne sont pas
autre chose. L'État ne saurait donc sans injustice

refuser à ces mêmes grades la signification qui leur revient, et la participation aux droits ou privilèges qu'il attribue aux grades de ses propres universités.

Tel est, dans son ensemble, le pouvoir enseignant de l'Église, premier aspect de son pouvoir directif.

2

Cependant nous avons dit que le pouvoir directif de l'Église, société parfaite, s'exerçait encore spécialement à l'égard des volontés de ses membres par le *pouvoir législatif*.

Le pouvoir de faire des lois qui obligent en conscience tous ses membres appartient certainement à l'Église, comme cela ressort des paroles mêmes du Christ, son divin Fondateur, que nous avons déjà alléguées pour prouver l'indépendance juridique de l'Église société parfaite. En effet les paroles du Maître à ses apôtres : « *Tout ce que vous lierez... tout ce que vous délierez sur la terre,* etc... » signifient proprement le pouvoir d'imposer des lois à la conscience. Bientôt d'ailleurs nous voyons les apôtres user effectivement de ce pouvoir, et dans leurs épîtres il est souvent question de lois ecclésiastiques touchant les qualités requises pour prétendre à l'épiscopat, l'irrégularité pour cause de bigamie, la procédure à suivre pour juger les prêtres, les causes matrimoniales, etc. Les successeurs des apôtres n'agirent pas autrement, et étendirent, conformément aux besoins de l'Église, le cercle du pouvoir législatif, ainsi que nous pouvons nous en rendre compte en parcourant le recueil des lois et des décrets émanant des conciles et des papes.

Le pouvoir législatif dans l'Église appartient proportionnellement au pape et aux évêques. Le pape, ou un concile général, peut faire des lois universelles pour toute la société chrétienne ; les évêques, à leur tour, peuvent faire des lois particulières pour leurs diocèses.

Mais laissons maintenant le pouvoir directif de l'Église pour examiner les fonctions de son pouvoir exécutif.

II. — Le pouvoir exécutif.

Le *pouvoir exécutif* de l'Église, qui est chargé de veiller à l'application particulière des lois, se divise, ainsi que dans toute société parfaite, en pouvoir de *gouvernement*, en pouvoir d'*administration*, en pouvoir *judiciaire* et en pouvoir *coercitif*.

***

Le pouvoir *de gouvernement,* nous le savons, a pour mission de régir les personnes d'après les lois établies, de manière à les orienter efficacement vers la fin sociale : or, dans l'Église, il s'exerce par la sanctification pratique des fidèles qui sont soumis aux lois divines et ecclésiastiques et à la direction de leurs pasteurs. Au pouvoir de gouvernement il incombe d'urger l'application particulière des lois à l'égard de tel ou tel fidèle, et, s'il y a lieu, de lui accorder la dispense à laquelle il peut prétendre.

Les titres de ce pouvoir pour l'Église ne s'appuient pas seulement sur ses droits de société parfaite, mais encore sur les paroles de Jésus qui a confié aux apôtres la mission de diriger les fidèles et de leur apprendre à observer toutes ses prescriptions : « *Allez, enseignez toutes les nations, les baptisant au nom du Père, du Fils et du Saint-Esprit, et leur apprenant à observer tout ce que je vous ai prescrit* » [1].

1. MATTH., XXVIII, 19 et suiv.

* * *

Mais le pouvoir exécutif de l'Église n'exerce pas uniquement son action sur les personnes : il régit aussi les biens de la société, les conserve et les fait fructifier pour la plus grande utilité de tous les membres. Tel est le rôle *administratif* de l'Église.

Or l'Église ne possède pas seulement des biens spirituels de leur nature, comme les sacrements et autres sources de grâces surnaturelles, mais encore des biens et des revenus temporels et matériels en eux-mêmes, quoique destinés de quelque manière à une fin spirituelle. L'usage et la gestion ordinaire de ces biens sont dévolus aux paroisses, collèges, établissements pieux, en un mot aux nombreuses associations et personnes morales constituées au sein de l'Église et par sa divine autorité. L'Église réserve cependant aux pouvoirs supérieurs de l'évêque et du pape la haute tutelle sur ces biens, c'est-à-dire la faculté de surveiller les administrateurs subalternes, de permettre ou de défendre les aliénations et autres actes importants qui ne sont pas de pure administration.

Le droit de posséder et d'administrer des biens temporels appartient à l'Église en sa qualité de société parfaite et de société extérieure et visible dont les membres sont des hommes. L'Église ne pourrait en effet se passer de temples matériels pour y exercer son culte, ni de revenus temporels pour subvenir à ses divers besoins, entretenir ses ministres et s'acquitter de sa mission d'assistance et de charité. La possession de biens temporels est donc nécessaire à l'existence même et à la mission de l'Église sur la terre, et, sur ces biens, l'Église peut exercer tous ses droits de propriété et d'administration avec une parfaite et entière indépendance.

D'ailleurs, en fait, l'Église a toujours possédé et administré des biens temporels ; et, dans l'Évangile, nous voyons déjà son fondateur, Notre Seigneur Jésus-Christ, se faire accompagner, dans ses courses apostoliques, d'un trésor qu'entretenait la générosité des disciples, et qu'administrait Judas Iscariote. A son exemple, les apôtres acceptèrent les offrandes des premiers convertis, et quand l'administration du trésor, qui s'accroissait chaque jour avec le nombre des fidèles, devint trop complexe et trop absorbante, ils choisirent sept diacres qu'ils ordonnèrent spécialement pour les suppléer dans cette délicate mission [1]. Plus tard, les archidiacres, continuant la tradition apos-

____

1. ACTES, VI, 5.

tolique, devinrent les économes des différentes églises particulières, jusqu'à ce que les Conciles de Latran et de Trente [1] leur eussent enlevé toute autorité et concentré les pouvoirs administratifs entre les mains des évêques.

L'Église peut donc, en vertu d'un droit à la fois constitutionnel et historique, acquérir, posséder et administrer des biens temporels, et on ne saurait, sans une criante injustice, exclure ses ministres, spécialement le Souverain Pontife, du droit de propriété et d'administration à l'égard des choses temporelles. C'est là le sens de la condamnation que Pie IX a portée contre les erreurs des propositions XXVIe et XXVIIe du *Syllabus*.

Cependant, touchant les personnes ou les biens, des différends et des controverses peuvent surgir ; c'est alors *au pouvoir judiciaire* qu'il appartient de faire face à cette nouvelle exigence sociale. Sa mission est donc de résoudre avec autorité les controverses sur le sens et la portée des décisions émanant des autres pouvoirs ; il prononce souve-

1. Sess. xxii, cap. 9 *de Ref.*

rainement sur les différends, et absout ou condamne les accusés conformément aux lois.

L'existence du pouvoir judiciaire dans l'Église, société parfaite, ne saurait être mise en doute, puisque sans ce pouvoir tout gouvernement et toute administration réelle lui seraient impossibles. Aussi, en voyons-nous déjà paraître tous les éléments dans l'Évangile. Écoutons, en effet, Jésus-Christ parlant à ses disciples : « *Si ton frère a péché contre toi, va, et reprends-le entre toi et lui seul. S'il t'écoute, tu auras gagné ton frère. Mais, s'il ne t'écoute pas, prends encore avec toi une ou deux personnes, afin que toute l'affaire soit réglée par l'autorité de deux ou trois témoins. S'il ne les écoute pas, dis-le à l'Église ; et s'il n'écoute pas l'Église, qu'il soit pour toi comme un païen et un publicain. En vérité je vous le dis, tout ce que vous lierez sur la terre sera aussi lié dans le ciel, et tout ce que vous délierez sur la terre sera délié aussi dans le ciel* » [1]. Dans ces paroles, n'est-il pas vrai, nous retrouvons tous les éléments essentiels d'un jugement : la cause ou le litige, l'accusé, l'accusateur, le juge et la sentence. Il suit donc de là que l'Église possède incontestablement le pouvoir de reprendre, de juger, de condamner,

---

1. MATTH., XVIII, 15-16.

de lier et de délier. A son tour, l'apôtre saint Paul fait mention de ce pouvoir dans ses épîtres, par exemple dans la première à Timothée [1], où il recommande de ne point admettre en jugement contre un prêtre une accusation qui ne puisse être prouvée par deux ou trois témoins. Et puis, lui-même n'a-t-il pas exercé le pouvoir judiciaire contre l'incestueux de Corinthe que, par la puissance du Seigneur Jésus, il livra à Satan pour que celui-ci le châtiât dans son corps ? [2] Enfin le droit canonique, constitué depuis les premiers âges de l'Église jusqu'à nos jours, ne nous atteste-t-il pas que le pouvoir judiciaire a rempli un grand rôle dans la discipline de l'Église ?

Mais quelle serait l'efficacité du pouvoir judiciaire lui-même, si ses sentences n'avaient pas d'exécution extérieure ? Il appartient donc à un nouveau et dernier pouvoir de prêter le concours de la force physique à la force morale de la loi, et d'infliger des peines aux coupables. Ce pouvoir, nous le connaissons, c'est le *pouvoir coercitif* ou coactif,

1. I Tim., v, 19.
2. I Cor., v, 3-5.

et toute société parfaite le possède à juste titre.

Aussi bien, comme nous l'avons vu tout à l'heure, l'Église a-t-elle reçu cette puissance des mains de son Fondateur, qui lui a conféré le droit de chasser de son sein les membres rebelles à son autorité : « *Qu'il soit pour toi comme un païen et un publicain* » ; et saint Paul en a usé « au nom de Notre Seigneur Jésus-Christ » contre l'incestueux de Corinthe. C'est donc avec raison qu'à toutes les époques de son histoire l'Église a eu recours, contre les délinquants et les pécheurs publics, aux peines spirituelles les plus graves, telles que l'excommunication et l'interdit.

En outre, l'Église a usé du droit d'infliger des peines temporelles, comme l'amende, la prison, la confiscation des biens, et les peines corporelles qui faisaient partie de la pénitence publique. Cette extension du pouvoir coercitif de l'Église peut trouver sa justification dans ce principe que l'Église est une société parfaite, pourvue par conséquent de tous les droits nécessaires à son existence et à sa fin, et que, vis-à-vis d'hommes pervers et charnels, les peines spirituelles ne sont pas toujours suffisantes pour maintenir l'observation régulière des lois, mais que souvent les peines temporelles sont seules capables de réaliser ce but.

Cette puissance coercitive de l'Église va-t-elle jusqu'à comprendre le droit de décréter la peine de mort ? Voilà un problème dont la discussion est très ouverte, et à propos duquel une solution définitive est loin de s'imposer. Qu'il nous suffise donc de nous arrêter à ces simples observations:

Il faut d'abord noter qu'en fait l'Église n'a jamais prononcé par elle-même une sentence de peine de mort. Des juges, ecclésiastiques par leur caractère, mais appartenant à l'ordre civil par leur magistrature, ont pu jouer un certain rôle dans des condamnations capitales ; mais ils n'étaient pas en ceci les mandataires de l'Église, qui restait elle-même entièrement étrangère au jugement.

Maintenant, en principe, le droit de vie et de mort est-il nécessaire au pouvoir de l'Église, société parfaite, pour accomplir sa mission ? On peut le nier, puisque l'Église n'a jamais usé par elle-même de ce droit ; mais au contraire, d'après un axiome connu, elle a toujours eu le sang en horreur, *Ecclesia abhorret a sanguine*, et toujours elle a laissé au bras séculier, c'est-à-dire au pouvoir civil, le soin d'infliger la peine de mort. D'ailleurs, pratiquement, la question n'offre pas grand intérêt. En effet, ou bien l'Église est en parfaite concorde avec l'État, ou bien celui-ci lui est hostile ; dans la première hypothèse, le droit d'infliger la peine de mort n'est pas nécessaire à l'Église, puisqu'il lui suffit de remettre le coupable au bras séculier, pour être assurée que justice en sera faite ; dans la seconde hypothèse, l'État ne permettra jamais à l'Église de disposer seule de la vie des citoyens et se réservera toujours le droit de porter des condamnations capitales.

Si, cependant, l'État était tombé dans l'anarchie, en sorte que l'Église ne pût en attendre aucun concours et que l'ordre public fût pour ainsi dire laissé à l'abandon, l'Église aurait peut-être alors le droit et même le devoir de suppléer l'État, même dans le rôle de justicier pour la peine de mort ; mais, dans ce cas, l'Église agirait comme autorité civile et au nom de l'État, plutôt qu'en son propre nom[1].

1. CAVAGNIS, *Institutiones juris publici*, *Pars generalis*, Rome, 1888, p. 200 sq. — LAURENT, *Le droit public de l'Église*, Besançon. 1898, p. 42 sq.

CHAPITRE III

LA CONSTITUTION DE L'ÉGLISE

I. — L'Église société inégale et hiérarchique.

Après avoir examiné la nature et l'objet des pouvoirs de l'Église société parfaite, il nous reste encore à en étudier l'organisation concrète dans la constitution interne de l'Église.

La *constitution de l'Église*, telle que Jésus-Christ l'a établie, est celle d'une société *inégale* et *hiérarchique*. L'Église n'est donc pas, comme l'affirment les protestants, une société égale, c'est-à-dire de forme purement démocratique, dont l'autorité résiderait immédiatement chez le peuple, en sorte que les pasteurs ne seraient que ses représentants et ses délégués.

En effet, « c'est l'enseignement de l'Écriture, déclare le Pape Pie X dans l'Encyclique *Vehementer*, 16 février 1906, et la Tradition des Pères vient aussi le confirmer, que l'Église est le corps mystique du Christ, corps régi par des Pasteurs et des Docteurs [1], et dès lors, société d'hommes au sein de laquelle des chefs se trouvent qui ont de pleins et parfaits pouvoirs pour gouverner, pour enseigner et pour juger [2]. Il en résulte que cette Église est par essence une société *inégale*, c'est-à-dire, une société comprenant deux catégories de personnes, les Pasteurs et le troupeau, ceux qui occupent un rang dans les différents degrés de la hiérarchie et la multitude des fidèles. Et ces catégories sont tellement distinctes entre elles, que dans le corps pastoral seul résident le droit et l'autorité nécessaire pour promouvoir et diriger tous les membres vers la fin de la société ; quant à la multitude, elle n'a pas d'autre devoir que de

1. Ephes., IV, 11 sq.

2. Matth., XVIII, 18-20 ; XVI, 18-19 ; XVIII, 17 ; Tit. II, 15 ; II Cor., X, 6 ; XIII, 10, etc.

se laisser conduire, et, troupeau docile, de suivre ses Pasteurs ».

Ainsi donc le Christ a voulu que le corps social de son Église fût partagé en deux classes distinctes, dont la première comprît le peuple et ses membres, c'est-à-dire les *laïques*, et la seconde se composât de ceux à qui a été confiée la mission prochaine de l'Église, la sanctification des âmes, et par suite le pouvoir ecclésiastique, en d'autres termes, fût constituée par *le clergé*.

Mais sous quelle forme le pouvoir réside-t-il dans le corps pastoral de l'Église ? De quelle manière ses diverses fonctions ont-elles été distribuées ?

II. — Distribution des pouvoirs dans l'Église.

Nous savons que le pouvoir de l'Église, société surnaturelle et parfaite, est double : le pouvoir d'ordre et le pouvoir de juridiction. Or ces deux pouvoirs, confiés aux membres du clergé vis-à-vis du peuple des fidèles, existent à des degrés divers, et d'après une organisation d'où résulte une double hiérarchie : *la hiérarchie d'ordre* et la *hiérarchie de juridiction*.

Jésus-Christ a divisé *la hiérarchie d'ordre* en trois catégories : l'épiscopat, la prêtrise et le diaconat. Mais le degré de pouvoir concédé à chacune de ces catégories est très différent, en sorte que ce pouvoir réside intégralement chez les évêques, tandis que les diacres en reçoivent la moindre partie. Ainsi les évêques, qui possèdent le sacerdoce dans sa plénitude, étendent leur pouvoir à tous les sacrements, spécialement à ceux de l'Ordre et de la Confirmation dont ils sont les ministres en vertu d'un droit propre à leur ordre. Les prêtres exercent aussi leur pouvoir d'ordre vis-à-vis de tous les sacrements, excepté l'Ordre et la Confirmation. Enfin les diacres sont aptes, en raison de leur ordre, à administrer seulement les sacrements de Baptême et d'Eucharistie.

Contentons-nous maintenant de donner une vue d'ensemble sur la *hiérarchie de juridiction* et ses principaux éléments.

Au premier rang nous apparaît le Pontife Romain, vicaire de Jésus-Christ, chef infaillible de l'Église, qui possède sur la société universelle des fidèles la primauté de juridiction, c'est-à-dire le pouvoir absolu, dans toute sa plénitude et sa perfection.

Ensuite viennent les évêques, pasteurs proprement dits de l'Église, qui sont investis d'une juridiction pleine et entière et d'un pouvoir ordinaire qu'ils tiennent de leur charge, mais qui ne doivent exercer leur autorité que sous la dépendance du Souverain Pontife. C'est au Souverain Pontife qu'il appartient de désigner les lieux où les évêques peuvent remplir leur mission ; c'est à lui qu'il appartient de suspendre, de restreindre et même de supprimer l'exercice de leur autorité. Les évêques jouissent, eux aussi, dans les questions de foi et de discipline, de la prérogative de l'infaillibilité quand ils sont assemblés en concile général, sous la présidence du Souverain Pontife : mais individuellement aucun d'eux n'est infaillible.

Les simples prêtres et les diacres eux-mêmes, en vertu de leur institution, appartiennent aussi à la hiérarchie ecclésiastique. Les prêtres sont les coopérateurs des évêques dans l'administration des sacrements, excepté, nous l'avons déjà dit, l'Ordre et la Confirmation, et dans la prédication de la parole de Dieu. Mais ils ne peuvent exercer leur autorité que sous la dépendance des évêques, et selon les conditions que ceux-ci leur imposent. Il en faut dire autant des diacres, qui, sans doute, sont aptes, en vertu de leur ordre, à administrer les sacrements de Baptême et d'Eucharistie et à prêcher la parole de Dieu, mais ne peuvent faire usage de ces pouvoirs qu'avec l'autorisation des évêques.

Ainsi s'offrent à nous les deux hiérarchies, celle de l'ordre et celle de la juridiction, auxquelles se rattache la constitution interne de l'Église, telle que Jésus-Christ l'a établie.

Cependant, le Sauveur a en outre accordé à son Église le pouvoir d'instituer, si elle le jugeait à propos, d'autres degrés soit dans la hiérarchie de l'ordre, soit dans celle de la juridiction. Mais il faut bien entendre le sens de cette nouvelle concession.

D'abord, en ce qui touche *la hiérarchie d'ordre*, « il ne faudrait pas croire que l'Église ait reçu de son divin Fondateur la faculté de créer un nouveau pouvoir de l'ordre ; elle a uniquement celle de séparer certaines parties inférieures des fonctions réservées au dernier des ordres hiérarchiques et de constituer avec elles d'autres ordres inférieurs ».

En ce qui concerne *la hiérarchie de juridiction*, le Souverain Pontife a le pouvoir d'appeler à partager sa sollicitude d'autres ministres de l'Église, non seulement pour le gouvernement des *agneaux*, c'est-à-dire du peuple chrétien, mais encore à l'égard des *brebis*, c'est-à-dire des évêques.

« Il a droit de créer certains degrés de juridiction auxquels soit annexée une juridiction sur les évêques eux-mêmes. Car le Siège Apostolique étant impuissant à pourvoir aux besoins de tous, en temps opportun et avec toute la promptitude requise, soit à raison du grand nombre d'évêques, soit à cause de la distance des lieux, a le droit de se choisir des coopérateurs spéciaux qui exercent en son nom et à sa place les fonctions de sa sollicitude apostolique. De là, l'institution des patriarches, des primats, des métropolitains. Le Pape peut encore, s'il le juge nécessaire, envoyer des préposés extraordinaires dont le pouvoir s'étende sur les évêques eux-mêmes. Tels ont été, tels sont encore les vicaires apostoliques et les légats » [1]. Les évêques ont également, dans leurs diocèses respectifs, le pouvoir d'établir des recteurs inférieurs, par exemple des curés, auxquels ils confient une portion de leur autorité.

III. — Forme de gouvernement.

Après ce rapide aperçu de la constitution interne de l'Église, il faut reconnaître que celle-ci, tout en excluant, de par l'institution même de

1. TANQUINI, *Principes du droit public de l'Église*, trad. Bruxelles 1868, p. 105-110.

Jésus-Christ, la forme de gouvernement purement démocratique, puisqu'elle est une société inégale et hiérarchique, ne saurait cependant être assimilée à un gouvernement aristocratique, mais qu'elle est simplement une *monarchie*.

En effet, l'idée de monarchie implique nécessairement celle d'un pouvoir suprême qui réside sans partage chez un chef unique, d'un souverain qui commande non seulement à quelques-uns, non seulement à un grand nombre, mais à tous sans exception, et à qui tous sans exception doivent obéissance. Or, nous trouvons, n'est-il pas vrai, toutes ces conditions réunies dans l'Église.

La plénitude du pouvoir suprême a été confiée uniquement à saint Pierre et au Pontife romain son successeur, en sorte que tous les membres de l'Église lui doivent obéissance, non seulement tous les simples fidèles, mais encore tous les évêques, soit qu'on les prenne individuellement, soit qu'on les considère réunis en concile.

Autour du pouvoir du Souverain Pontife existent une foule d'autres pouvoirs ; mais le sien plane au-dessus de tous les autres, les règle et les détermine. L'autorité des évêques découle, sans doute, du droit divin et constitue un pouvoir ordinaire, en sorte que les évêques ne sauraient être considérés comme de simples vicaires du Pontife romain ; mais leur autorité n'en est pas moins subordonnée au pouvoir souverain du Pape. « Ils occupent, il est vrai, au-dessous du Pape, le premier rang dans l'ordre hiérarchique ; ils sont, après lui, les membres les plus distingués du corps de Jésus-Christ, ils forment la haute noblesse de l'Église ; mais la constitution du royaume divin ne perd rien pour cela de son caractère ; les monarchies temporelles elles-mêmes ne cessent pas d'être de véritables monarchies parce que la noblesse ou les états ont des droits réels, des prérogatives, et les exercent sous l'autorité du roi ».

Concluons donc : « L'égalité la plus parfaite règne entre tous les membres de l'Église. Il n'y a pour tous qu'une foi, qu'une espérance, qu'une charité ; le même baptême donne à tous les mêmes droits à régner un jour avec Jésus-Christ dans son royaume céleste ; car être intimement uni à Jésus-Christ, c'est partager sa royauté. Tous aussi peuvent parvenir au faîte des dignités ecclésiastiques ; il n'y a dans l'Église ni distinction de caste, ni privilège du sang ; elle ne connaît que la génération spirituelle qui procède du baptême et de l'ordre. Si, dans tout cela, on veut voir un élément *démocratique*, on en est parfaitement libre, et nous ne nous arrêtons pas à discuter sur ce point, pourvu qu'il n'en soit rien inféré qui porte la plus légère atteinte au caractère essentiel de l'Église, et qu'il soit mis hors de doute et de controverse qu'elle est, dans toute la force et le vrai sens du mot, une *monarchie*. — Les évêques, en qualité de successeurs des apôtres, sont appelés à prendre part au gouvernement de l'Église, et leur droit à cet égard leur vient de la main de Dieu même, sous la seule réserve d'être confirmés par Pierre. Si, dans ce pouvoir des évêques, il plaît de voir un élément *aristocratique*, on peut encore sur ce point se donner pleine satisfaction, mais sous une réserve essentielle, indispensable : c'est que l'on n'en conclura pas à l'assimilation de l'Église à un gouvernement aristocratique. Bien que le Pape gouverne l'Église en communion avec les évêques, ou plutôt, que les évêques, en vertu de leur communion avec le Pape, partagent avec lui ce gouvernement, l'Église n'en est et n'en reste pas moins une véritable *monarchie* » [1].

1. Georges PHILLIPS, *Du droit ecclésiastique dans ses principes généraux*, trad. Crouzel, Paris 1890, tom I, p. 159 et suiv.

LIVRE V

L'ÉGLISE ET L'ÉTAT

CHAPITRE PREMIER

RAPPORTS NATURELS

L'Église et l'État possèdent chacun leur existence propre et individuelle, nous l'avons vu ; mais ils ont aussi une coexistence sociale qu'il nous faut maintenant examiner.

En effet, l'Église et l'État doivent remplir leur mission envers un même sujet qui est l'homme ; et le but que poursuivent, chacune dans leur ordre, les deux sociétés, n'est autre que le bonheur et la perfection du même individu, à la fois membre de l'État et de l'Église : ici, dans l'Église, c'est son bonheur surnaturel et éternel ; là, dans l'État, c'est son bonheur temporel. Aussi bien la logique amène-t-elle nécessairement l'Église et l'État en présence l'un de l'autre ; et entre ces deux sociétés existent des rapports qui donnent naissance à des droits et à des devoirs réciproques.

Or ces rapports sont de deux sortes. Ou bien ils sont fondés sur la constitution sociale et la nature même de l'Église et de l'État, indépendamment de toute convention accidentelle : nous les appellerons rapports *naturels* ; ou bien ils tirent leur origine de certains contrats qui interviennent pour une solution de paix et de concorde : d'où le nom de rapports *concordataires*. Dans ce chapitre nous étudierons exclusivement les rapports naturels entre l'Église et l'État.

Si nous comparons l'une avec l'autre les deux sociétés, civile et religieuse, nous apercevons entre elles trois espèces de relations morales ou de rapports naturels. En premier lieu, c'est un rapport *de distinction et d'indépendance respective :* car les deux pouvoirs ont une mission bien différente, et ils sont souverains chacun dans leur sphère particulière. En second lieu, c'est un rapport *d'inégalité et de subordination :* en effet l'une des sociétés, l'Église, jouit d'une prééminence juridique vis-à-vis de l'autre, l'État, qui lui est indirectement subordonné. En troisième lieu, c'est un rapport *d'union et de concorde ;* car nous voyons qu'en raison même de leur coexistence sociale, l'Église et l'État doivent se connaître et s'aider mutuellement.

I. — Distinction et indépendance respective des deux sociétés.

Arrêtons-nous d'abord à la DISTINCTION ET A LA SOUVERAINETÉ des deux puissances.

S'il n'y avait pas de *distinction* entre les deux sociétés spirituelle et temporelle, l'une serait nécessairement absorbée par l'autre, et il n'existerait plus qu'une seule société générale qui tiendrait sa nature et ses propriétés juridiques de l'élément dominant, religieux ou civil. Que si la Religion l'emportait sur l'élément civil, les fonctions politiques deviendraient en quelque sorte des fonctions sacrées et spirituelles. Que si au contraire l'élément civil dominait la Religion, celle-ci ne serait plus qu'un rouage du pouvoir politique, et une magistrature purement civile. Dans l'une et l'autre hypothèse, il n'y aurait que confusion et désordre là où doit régner l'ordre et la paix.

C'est pourquoi la sagesse de Dieu, qui a partagé entre les deux sociétés, religieuse et civile, la mission de pourvoir au bien du genre humain, a voulu, en même temps, que chacune d'elles fût renfermée dans des limites parfaitement définies, et eût sa personnalité propre nettement déterminée par une origine, une constitution, une fin et une compétence particulières. Ces principes ne nous sont pas inconnus, et nous les avons déjà discutés en temps et lieu ; mais il ne sera pas inutile de les rappeler ici sous forme de comparaison, afin de bien établir le rapport de distinction qui existe entre l'Église et l'État.

En effet, les deux pouvoirs se distinguent l'un de l'autre d'abord par leur *origine*. Tous deux ont sans doute une origine divine, mais tandis que l'un, le pouvoir spirituel, est immédiatement institué de Dieu, auteur de l'ordre surnaturel, l'autre, le pouvoir civil, ne procède de Dieu que médiatement et comme auteur de la nature.

Une autre différence regarde la *constitution* des deux sociétés. Dieu a personnellement déterminé la constitution sociale de l'Église, il a lui-même fixé la forme et l'organisation de ses pouvoirs ; dans la société civile, au contraire, la forme du gouvernement et les conditions de la souveraineté sont laissées à la libre détermination des hommes. Aussi bien l'Église est-elle une société universelle, appelée à étendre sa loi sur le monde entier, tandis que l'État porte le caractère du particularisme. A cette universalité, l'Église joint encore l'unité et l'immutabilité ; il en est autrement de l'État : il y a plusieurs États, il ne peut y avoir qu'une Église [1].

Mais ce qui marque surtout une différence essentielle entre les deux pouvoirs, c'est leur *fin* spéciale, ce sont les moyens dont ils se servent pour l'atteindre et qui forment l'*objet* de leur *compétence* propre. — Le pouvoir religieux, nous le savons, est chargé de continuer dans le monde l'œuvre de la Rédemption, et il a pour but propre le bien spirituel et surnaturel, la sanctification et la fin dernière du genre humain. Aussi sa compétence spéciale regarde-t-elle les choses spirituelles, les choses sacrées et surnaturelles, c'est-à-dire

1. PHILLIPS. *Du Droit ecclésiastique dans ses principes généraux*, Paris, 1850, t. II, p. 383.

celles qui peuvent d'elles-mêmes produire la sainteté ou conduire à la fin surnaturelle : par exemple la grâce, les sacrements, les bénédictions, etc. Cependant le pouvoir de l'Église ne s'étend pas seulement aux choses qui sont surnaturelles en elles-mêmes, mais encore aux choses temporelles de leur nature qui ont une destination sacrée et spirituelle : par exemple, les temples, les cimetières, etc. — De son côté, le pouvoir civil poursuit directement le bien naturel et temporel des hommes, la conservation et le développement, dans l'ordre naturel, des facultés physiques, intellectuelles et morales de ses propres sujets. C'est pourquoi sa compétence particulière embrasse les choses temporelles, c'est-à-dire les choses, de nature matérielle ou immatérielle, qui sont destinées à procurer le bonheur temporel et la prospérité dans la vie présente : par exemple, les richesses, la force armée, les sciences et les arts profanes, etc [1].

Tout ce que nous venons de dire touchant la distinction des deux pouvoirs et leur compétence propre, a été admirablement résumé par Léon XIII dans son Encyclique *Immortale Dei* : « Dieu a réparti entre le pouvoir ecclésiastique et le pou-

---

1. LIBERATORE, *La Chiesa e lo Stato*, Naples, 1871, p. 40 sq.

voir civil le soin de pourvoir au bien du genre humain. Il a préposé le premier aux choses divines, et le second aux choses humaines. Chacun d'eux dans son genre est souverain ; chacun d'eux est renfermé dans des limites parfaitement déterminées et tracées en conformité exacte avec sa nature et son principe ; chacun d'eux est donc circonscrit dans une sphère où il peut se mouvoir et agir en vertu des droits qui lui sont propres. Ainsi tout ce qui, dans les affaires humaines, à un titre ou à un autre, concerne la religion, tout ce qui touche au salut des âmes et au service de Dieu, soit par son essence, soit par ses rapports avec le principe d'où il dépend, tout cela est du ressort de l'autorité de l'Église. Quant aux autres choses qui constituent le domaine civil et politique, il est dans l'ordre qu'elles soient soumises à l'autorité civile, puisque Jésus-Christ a ordonné de rendre à César ce qui est à César et à Dieu ce qui est à Dieu ».

Ainsi l'Église et l'État sont des sociétés réellement *distinctes*, c'est-à-dire qu'elles possèdent chacune leur sphère particulière et déterminée. Or, dans les limites de cette sphère, les deux puissances sont *libres et indépendantes* l'une de l'autre : voilà ce qu'il nous reste maintenant à expliquer plutôt qu'à démontrer ; car il nous suffit d'avoir déjà prouvé que les deux sociétés sont, chacune dans leur ordre propre, des sociétés parfaites et indépendantes. *Distinction* qui s'étend jusqu'à *l'indépendance et la souveraineté respective*, tel est donc, dans sa formule complète, le premier rapport naturel que nous constatons entre l'Église et l'État.

Mais avant tout, nous devons préciser les termes et dire ce que nous entendons exactement par cette *souveraineté* ou *indépendance respective* des deux pouvoirs.

Cela ne signifie pas que l'Église et l'État soient étrangers l'un à l'autre, ni que la séparation de leurs pouvoirs soit un régime conforme à leur nature. Cela ne veut pas dire non plus que les deux puissances ne soient point obligées de faire droit à leurs réclamations mutuelles. Il y a, au contraire, comme nous le démontrerons plus tard, entre l'Église et l'État, des relations si intimes que leur entente cordiale sera toujours la condition nécessaire du bonheur et de la prospérité des nations chrétiennes.

Mais par souveraineté ou indépendance, il faut entendre la liberté réciproque, c'est-à-dire la nonsujétion, la non-subordination d'un pouvoir à l'autre, pour tout ce qui regarde leur ordre propre ou leur sphère particulière. L'ordre propre des sociétés, nous l'avons dit, est déterminé par la fin spéciale qu'elles poursuivent, et il embrasse l'ensemble des moyens qui sont en rapport avec cette fin.

Nous affirmons donc que la société religieuse est indépendante vis-à-vis de la société civile dans les matières spirituelles, c'est-à-dire pour tout ce qui touche à la foi et à la morale, aux sacrements, au culte et à la discipline ecclésiastique. De même, nous disons que la société civile est indépendante vis-à-vis de la société religieuse dans toutes les choses qui se rapportent directement à sa propre fin, c'est-à-dire dans les affaires purement politiques et temporelles, par exemple dans les questions intéressant la forme du gouvernement, les relations politiques mutuelles du souverain et des sujets, l'organisation des pouvoirs publics, législatif, judiciaire et exécutif, civils et militaires, la levée des impôts, le commerce, l'industrie, la paix, la guerre, les relations internationales, etc.

Les deux puissances étant indépendantes dans leur domaine propre, il s'ensuit que chacune est aussi, dans ce même domaine, juge souverain de ses actions, de l'opportunité des circonstances, et de l'utilité des divers moyens dont elle dispose. En d'autres termes, l'Église n'a pas à s'immiscer dans les choses purement temporelles, pas plus que l'État dans les choses spirituelles [1].

Si donc l'une des puissances sort des limites de sa sphère propre pour usurper les droits de l'autre, celle-ci a la faculté de s'opposer à de tels empiètements. C'est une conséquence du droit de légitime défense que la nature elle-même accorde à quiconque est injustement attaqué.

Mais, hâtons-nous de le dire, le droit de pourvoir à sa défense ne confère pas au pouvoir opprimé le droit de s'attribuer les prérogatives du pouvoir oppresseur. La résistance ne peut en effet aller jusqu'à l'usurpation des facultés propres du pouvoir qui empiète ; elle doit se restreindre aux moyens qui sont rigoureusement nécessaires pour repousser l'agression.

Cependant le droit de résister aux empiètements comprend aussi celui de veiller à ce qu'ils ne se commettent pas. Ce *jus cavendi* est inhérent à la souveraineté, et on ne saurait le refuser à l'Église et à l'État. Mais il faut en bien saisir la nature et la portée: « C'est une faculté purement *abstraite* et un moyen de *répression*. On ne peut

1. PHILLIPS, *Op. cit.*, p. 386 sq.

donc pas chercher à en faire usage par *mode de prévention*, sans amener le trouble et le désordre dans la société et une véritable confusion des deux pouvoirs » [1].

Aussi bien le *placet*, ou *exequatur* royal, c'est-à-dire l'approbation préalable, par l'autorité civile, des décisions ecclésiastiques, sous prétexte de prévenir jusqu'à la possibilité de l'abus de la part du pouvoir spirituel, est-il une atteinte directe à l'indépendance de l'Église, société distincte de l'État et souveraine dans son ordre propre. C'est pourquoi l'Église a toujours protesté avec énergie contre ces prétentions du pouvoir civil, et le Concile du Vatican n'a fait que renouveler solennellement les anciennes condamnations quand il a proclamé : « Nous condamnons et réprouvons les maximes de ceux qui disent que la communication du Chef suprême avec les pasteurs et les troupeaux peut être légitimement empêchée, ou qui la soumettent à la puissance séculière au point de soutenir que les règles décrétées par le Siège Apostolique lui-même, ou en vertu de son

1. MOULART, *Op. cit.*, p. 103.

autorité pour le gouvernement de l'Église, n'ont de force et de valeur que si elles sont confirmées par l'agrément de la puissance séculière » [1]. Déjà Pie IX avait stigmatisé cette erreur du *regium placet* en condamnant les propositions suivantes du *Syllabus* : « Le pouvoir ecclésiastique ne doit pas exercer son autorité sans la permission et l'assentiment du gouvernement civil ». — « Les Évêques ne peuvent promulguer même les Lettres apostoliques sans le consentement du gouvernement ». — « La puissance civile jouit d'un pouvoir indirect négatif sur les choses sacrées ; c'est pourquoi elle peut exercer le droit dit d'*exequatur* » [2]. Bien plus, le même pape, dans la Constitution *Apostolicæ Sedis*, prononça la peine d'excommunication spécialement réservée au Souverain Pontife contre « ceux qui portent des lois ou des décrets contraires à la liberté ou aux droits de l'Église » [3]. Or au nombre de ces lois il faut certainement compter celles qui se rapportent au *regium placet.*

Telle est la thèse du droit naturel et chrétien touchant le premier rapport qui existe entre l'Église et l'État, un rapport de *distinction* et *d'indépendance réciproque.*

1. Const. *De Ecclesia*, ch. III.
2. Prop. 20, 28 et 41.
3. Paragraphe Ier, n. 7.

Nous voyons ce qu'il faut penser de l'erreur du droit moderne qui tend à considérer l'Église comme une société secondaire, placée sous la dépendance et la haute administration de l'État, au même titre que de simples associations civiles ou politiques !

Cependant, disent les partisans de la suprématie du pouvoir civil, le principe de l'indépendance de l'Église ne vise à rien moins qu'à établir *un État dans l'État*, en d'autres termes, deux puissances souveraines dans une même société : ce qui ne peut être qu'une cause perpétuelle de désordre et de conflit.

Il nous est facile de répondre que ce danger serait à craindre si les deux pouvoirs, religieux et civil, tendaient à la même fin, et s'ils s'exerçaient dans la même sphère et sur les mêmes objets ; mais qu'en réalité il n'en est pas ainsi. En effet « la dualité de puissance provient précisément de ce qu'il y a dans le monde deux ordres différents, et dans l'homme deux destinées distinctes, que que l'on ne peut pas confondre. De l'existence simultanée de ces deux puissances il résulte seulement qu'aucune d'elles n'est *omnipotente*, que l'une est limitée par l'autre, que toutes deux doivent se maintenir religieusement dans leurs bornes respectives. Pourquoi donc y aurait-il conflit ? Cette mutuelle limitation des droits n'est-elle pas une condition même de l'ordre et de l'harmonie du monde ? [1] »

D'ailleurs il est d'autant moins possible de voir dans la coexistence des deux sociétés, religieuse et politique, se réaliser cette prétendue répugnance d'un État dans l'État, que la fin de l'Église et celle de la société civile, tout en étant bien *distinctes*, ne sont nullement opposées l'une à l'autre ; mais au contraire elles sont merveilleusement *coordonnées* entre elles, de manière que l'une, la fin de la société civile, est subordonnée à l'autre, à la fin de l'Église. De là ressort, entre l'Église et l'État, un second rapport naturel que nous allons maintenant examiner, un rapport *d'inégalité juridique*, savoir, de *prééminence* du côté de l'Église et de *subordination* du côté de l'État.

II. — Prééminence de l'Église et subordination de l'État.

Après avoir établi la distinction des deux puissances instituées de Dieu pour le gouvernement

1. MOULART, *Op. cit.*, p. 150.

du monde, et déterminé la sphère particulière où elles jouissent d'une indépendance et d'une souveraineté respective, une nouvelle question s'impose à notre attention à propos des relations de l'Église et de l'État : Existe-t-il un rapport de *prééminence* entre les deux pouvoirs, de telle sorte que, sans préjudice aucun pour leur indépendance mutuelle, *l'un* de ces pouvoirs soit néanmoins *subordonné* à l'autre ?

Nous répondons d'abord que les deux sociétés, religieuse et civile, ne sont pas des sociétés équivalentes, mais que l'une, l'Église, est supérieure à l'autre, l'État, en dignité et en importance. Pour le prouver, qu'il nous suffise de nous rappeler non seulement que l'Église est le royaume de Dieu lui-même et son œuvre personnelle, que sa constitution est divine, éternelle et immuable, mais surtout que sa fin est d'un ordre divin et surnaturel, supérieur à tous les autres ordres. Ces deux sociétés sont toujours entre elles dans les mêmes rapports que leurs fins ; n'est-ce pas en effet la fin qui donne à la société sa nature et son caractère distinctif ? n'est-ce pas de l'importance de la fin que dépend la nécessité plus ou moins grande de la société ? Or la fin de l'Église est la plus élevée en dignité et la plus nécessaire de toutes, puisque c'est la fin surnaturelle de l'homme, la fin dernière elle-même, à qui toutes choses doivent de quelque façon être ramenées pour être bonnes et parfaites.

Ainsi donc le pouvoir spirituel jouit, vis-à-vis du pouvoir civil, d'une *prééminence* de dignité et d'importance bien marquée. Mais s'ensuit-il qu'entre l'Église et l'État existe aussi une relation de *subordination* proprement dite, et qu'à la prééminence d'honneur doive s'ajouter une prééminence d'autorité et de juridiction ?

Nous touchons, comme on le voit, à la question la plus délicate des rapports de l'Église et de l'État, et, avant de nous y engager, il nous faut en bien préciser les termes, et distinguer avec soin deux sortes de subordination : l'une *directe* et l'autre *indirecte*.

Souvenons-nous des principes que nous avons exposés dans notre premier livre.

Une société complète peut être, dans le même ordre, composée de plusieurs sociétés plus petites qui poursuivent soit le même but social qu'elle, par exemple, dans l'État, les départements et les communes, dans l'Église, les diocèses et les paroisses ; soit une fin plus spéciale, mais comprise dans la fin générale de la grande société, par exemple, dans l'État, les sociétés du commerce, de l'industrie, des arts, etc., dans l'Église, les congrégations religieuses, les confréries etc. Toutes ces sociétés secondaires ne peuvent se suffire à elles-mêmes sans le secours de la société supérieure, dont elles dépendent en raison même de leur nature et par rapport à leur propre fin. Voilà ce que nous appelons *subordination directe*.

Deux sociétés même parfaites, peuvent poursuivre respectivement deux fins qui, quoique réellement distinctes et complètes dans leur genre, se rattachent cependant l'une à l'autre par un lien de subordination. Aussi bien chacune des deux sociétés recherche-t-elle son but spécial, en jouissant de sa souveraineté et de son indépendance dans sa sphère individuelle. Mais cette indépendance n'est pas absolue pour la société, même parfaite, dont la fin est d'ordre inférieur : car elle doit régler son action de manière à ne pas contrarier la fin supérieure de l'autre société, et elle est même obligée, dans les cas nécessaires, de prêter à celle-ci son concours. Voilà ce qu'il faut entendre par *subordination indirecte*.

Ceci posé, nous affirmons d'abord qu'il existe incontestablement un lien de *subordination* entre l'Église et l'État, et que ces deux puissances ne sauraient être mises sur un pied d'égalité juridique, jouissant pareillement d'une souveraineté absolue, et parfaitement étrangères l'une à l'autre.

En effet, ce que nous avons dit tout à l'heure du rapport qui unit la fin de la société civile, d'ordre inférieur, à la fin de la société religieuse, d'ordre supérieur, démontre assez que les droits respectifs des deux sociétés ne peuvent être égaux, mais que l'une des deux puissances doit être de quelque manière subordonnée à l'autre. D'ailleurs, dans le cas contraire, l'harmonie entre les deux pouvoirs serait impossible, et les conflits de droits et de juridictions demeureraient nécessairement sans solution et sans issue. C'est pourquoi les partisans du droit moderne reconnaissent eux-mêmes la nécessité de la subordination des pouvoirs, quand ils soutiennent la thèse erronée de la suprématie du pouvoir civil. « Il faut, disait déjà Portalis, qu'il y ait une puissance supérieure qui ait droit... de lever tous les doutes et de franchir toutes les difficultés. Cette puissance est celle à qui il est donné de peser tous les intérêts, celle de qui dépend l'ordre public et général, et à qui seule il appartient de prendre le nom de puissance dans le sens propre... La société religieuse a dû reconnaître dans la société civile, plus ancienne, plus puissante, et dont elle venait faire partie, l'autorité nécessaire pour assurer l'union ; et le souverain est demeuré maître de faire prévaloir l'intérêt d'État dans tous les points de discipline où il se trouve mêlé, à la charge d'en répondre à Dieu seul » [1].

Il existe donc entre l'Église et l'État un *rapport d'inégalité juridique*, savoir, de *prééminence* de la part de l'Église, et de *subordination* de la part de l'État. Mais de quelle nature est cette subordination de l'État vis-à-vis de l'Église ? Est-ce une subordination *directe* ? Est-ce une subordination *indirecte* ? En d'autres termes, l'Église jouit-elle d'un pouvoir direct sur le temporel de l'État, ou bien doit-elle se contenter d'un pouvoir indirect ?

Le *pouvoir direct* trouva des défenseurs parmi certains théologiens qui voulurent attribuer à l'Église une suprématie absolue dans le gouvernement de la société civile. Ils soutenaient que l'Église a reçu immédiatement de Dieu le pouvoir de gouverner le monde non seulement pour les choses spirituelles, mais encore pour les choses temporelles, et qu'ainsi le Pape est, de droit divin, pontife et roi universel. Au dire de ces théologiens, les princes séculiers ne sont que

1. PORTALIS, *Discours et travaux inédits*, Paris, 1845, p. 98 et 132.

les délégués de l'Église, et par conséquent le
Pape, qui leur confère directement l'autorité
pour en user conformément à l'ordre de Dieu,
peut de lui-même la leur enlever pour la trans-
férer à d'autres, s'ils viennent à en user contre
le plan divin.

Cette théorie du pouvoir direct, qui, paraît-il,
fut enseignée pour la première fois au xiiᵉ siècle
par Jean de Sarisbéry, évêque de Chartres, n'a
jamais été le fait que d'un petit nombre de théologiens, et elle est depuis longtemps totalement
abandonnée dans l'Église. On ne saurait en effet
y voir l'expression du vrai droit chrétien, après la
démonstration que nous avons faite de l'indépendance respective, dans leur domaine particulier,
de l'Église et de l'État, sociétés distinctes et parfaites. Entre ces deux sociétés une subordination
directe est impossible, attendu qu'elles n'appartiennent pas au même ordre, et que leurs propres
fins sont d'un genre tout à fait différent.

Aussi bien s'étonnera-t-on peut-être que cette
opinion du pouvoir direct ait pu rencontrer des
partisans parmi des théologiens et des penseurs
de mérite. Mais il faut se rappeler qu'au temps
où parut cette théorie, le pouvoir du pape sur
le temporel des rois était un fait consacré par le
droit public des nations chrétiennes. « A cette

époque, la puissance de la sagesse chrétienne et sa divine vertu pénétraient les lois, les institu·tions, les mœurs des peuples, tous les rangs et toutes les relations de la société. Alors la religion fondée par Jésus-Christ, occupant solidement le degré de dignité auquel elle a droit, était partout florissante, grâce au bon vouloir des princes et à la légitime tutelle des magistrats. Alors le sacerdoce et l'empire étaient liés entre eux par une heureuse concorde et par l'amical échange de bons offices » [1]. Les théologiens dont nous avons parlé acceptèrent ce fait, et en exagérèrent l'interprétation au point d'établir leur système du pouvoir direct.

Plus tard, lorsque la Réforme eut aboli la grande confédération chrétienne et battu en brèche son droit public, l'attention dut se porter d'une manière particulière sur le problème des rapports de l'Église et de l'État et sur les limites naturelles de leurs pouvoirs. Les discussions qui s'engagèrent à ce sujet entre les théologiens montrèrent vite ce qu'il y avait d'excessif dans la théorie du pouvoir direct. De là prit naissance la doctrine du *pouvoir indirect*, qu'un des premiers le cardinal Bellarmin enseigna et popularisa [2].

1. Encycl. *Immortale Dei.*
2. Moulart, *Op. cit.*, p. 175.

***

Le système *du pouvoir indirect* a été l'objet d'interprétations très diverses. L'Église n'a d'ailleurs point porté de définition dogmatique touchant la nature de ce pouvoir, et elle n'a condamné aucune opinion, comme aussi elle n'en a reconnu aucune. C'est pourquoi, entre catholiques, le champ reste ouvert à la discussion sur cette question du droit public chrétien.

Or, d'après une première opinion, qui se recommande de Bellarmin [1], voici comment il faudrait comprendre le pouvoir indirect. L'Église, à la vérité, n'a reçu de Dieu aucun pouvoir direct et immédiat sur les affaires temporelles, mais seulement sur les choses qui intéressent la religion et le salut éternel. Cependant, le pouvoir souverain de l'Église qui préside à l'ordre spirituel renferme *indirectement*, c'est-à-dire par voie de conséquence, le droit de régler même le temporel des États chrétiens, si le bien de la religion et le salut des âmes viennent à le réclamer. Ainsi donc, l'Église n'a pas le pouvoir *ordinaire* et *habituel* de s'immiscer dans les affaires temporelles de

---

1. BELLARMIN, *De regimine principum*, l. i, c. 15.

l'État, par exemple de déposer ou d'instituer les princes, d'abroger ou d'édicter des lois civiles ; mais tout cela peut lui appartenir dans des cas *extraordinaires*, c'est-à-dire lorsque l'intérêt de la religion et le salut des âmes sont en cause. C'est pourquoi l'Église n'a pas à s'occuper des choses de l'ordre civil et temporel, aussi long-temps que l'État ne fait rien de contraire au bien de la religion, ou que le concours du pouvoir civil n'est point réclamé par la fin spirituelle. Autrement, toute intervention de l'Église qui serait sans motif devrait être regardée comme entachée de nullité ; ce en quoi Bellarmin se sépare des partisans du pouvoir direct. Mais aussitôt que le plus grand bien de la religion rend la chose né-cessaire, l'Église peut intervenir dans l'ordre po-litique par une action positive et absolue.

Que faut-il penser de cette opinion qui, pour légitimer ses principes, s'appuie sur la thèse même de la subordination des fins respectives des deux puissances ? Il peut sembler qu'elle va trop loin et que la raison invoquée ne suffit pas pour en imposer les conclusions, touchant la nature de l'intervention de l'Église dans les affaires tempo-relles de l'État.

Aussi existe-t-il une seconde opinion qui fait consister le droit d'intervention de l'Église en vertu du pouvoir indirect, seulement dans une *action morale sur la conscience* des chefs de gouvernement et sur celle du peuple chrétien. Ce pouvoir ne serait donc pas autre chose que le droit d'éclairer et de diriger les consciences par rapport aux choses temporelles où les intérêts de la religion se trouvent engagés, de définir, proclamer et intimer les règles de là justice sociale, et de rappeler à tous, princes et nations, les devoirs que la loi divine leur impose. « Ce droit, dit-on, ne peut être contesté à l'Église ; car les souverains, aussi bien que leurs sujets, sont soumis au Pape comme organe du pouvoir spirituel. Dans les actes de leur gouvernement, non moins que dans leur conduite privée, ils sont obligés de se conformer à la loi de Dieu et à la loi de l'Église ; ils ne peuvent rien faire qui soit contraire au bien de la religion ou au salut des âmes ; s'ils s'écartent de cette règle, s'ils deviennent prévaricateurs, ils pèchent ; péchant, ils tombent sous le pouvoir des clefs. Gardienne et interprète de la loi morale, l'Église a incontestablement le droit de déclarer nulles et de nul effet les prescriptions de l'autorité civile qui sont contraires à cette loi. Sans doute, elle ne peut pas pour cela, comme le soutient Bellarmin, s'immiscer directement et par elle-même dans le règlement des affaires de l'ordre civil et politique, destituer les dépositaires de l'autorité, faire des lois et ordonnances sur les choses temporelles, évoquer à son tribunal les causes des cours séculières, etc. ; mais elle peut user contre les coupables des peines spirituelles ou censures, et, par ce moyen, les contraindre de rentrer dans la voie de l'équité et de retirer leurs prescriptions contraires à la religion et au salut des âmes. On le voit, ce pouvoir de l'Église est un pouvoir purement spirituel ; il a pour but *direct* une chose spirituelle, la moralité des actes, leur conformité avec la religion ; mais par cela même, il atteint aussi, quoique *indirectement*, les choses temporelles qui relèvent de cette moralité » [1].

Cette opinion ne saurait être confondue avec celle des Gallicans qui, rejetant le principe de la prééminence juridique de l'Église, ne reconnaissent à celle-ci aucun pouvoir d'autorité vis-à-vis de l'État [2]. D'autre part, elle paraît se concilier

1. MOULART, *Op. cit.* p. 181 sq.
2. On lit en effet dans la 1ʳᵉ proposition de l'Assemblée gallicane de 1682 : « Nous déclarons que les rois et les souverains ne sont soumis à aucune puissance ecclésiastique, par l'ordre de Dieu, dans les choses temporelles ; qu'ils ne peuvent être déposés directement ni indirectement par l'autorité des chefs de l'Église, que leurs sujets ne peuvent être dispensés de la soumission et de l'obéissance qu'ils leur doivent, ou absous du serment de fidélité ».

tant avec la distinction et l'indépendance respective des deux pouvoirs, dans leur sphère spéciale, qu'avec la subordination de la puissance
temporelle à la puissance spirituelle. Ses partisans sont nombreux [1], et la conduite aussi bien
que le langage du Saint-Siège, en ces derniers
temps, semble encore lui ajouter du crédit. Ainsi
les idées que le cardinal Antonelli exprimait le
19 mars 1870, dans sa dépêche au nonce de Paris,
en réponse à la première dépêche du comte Daru
relative au concile du Vatican, s'harmonisent parfaitement avec cette théorie : « L'Église, écrivait
le secrétaire d'État du pape Pie IX, a reçu de
Dieu la sublime mission de conduire les hommes,
soit individuellement, soit réunis en société, à une
fin surnaturelle ; elle a donc par là même le pouvoir et le devoir de juger de la moralité et de la
justice de tous les actes, soit intérieurs, soit exté-
rieurs, dans leur rapport avec les lois naturelles et

1. Fénelon semble se rapprocher beaucoup de cette
opinion dans ses *Plans de gouvernement*, ou encore dans
sa *Dissertatio de auctoritate summi Pontificis*, c. xxvii et
xxix. Ensuite, parmi ceux qui ont plus ou moins adopté
ce système, on peut citer le jésuite Jean-Antoine Bianchi ;
Roncaglia, *Animadversiones in Hist. Eccles. Natalis
Alexandri*, sæc. *XI. dissert.* 2ª ; le cardinal Gousset, *Théologie dogmatique*, p. II, nº 1202 sq. ; Gorini, *Défense de
l'Église*, Lyon, 1866, t. III, p. 267 sq. ; Phillips, *Op. cit.*,
t. II, p. 411, etc.

divines. Or, comme toute action, qu'elle soit ordonnée par le pouvoir ou qu'elle émane de la liberté de l'individu, ne peut être exempte de ce caractère de moralité et de justice, ainsi advient-il que le jugement de l'Église, bien que directement il ne porte que sur la moralité des actes, s'étend néanmoins indirectement sur toutes les choses auxquelles cette moralité vient se joindre ». Enfin, dans les Encycliques et les célèbres directions pontificales du pape Léon XIII, il n'est pas interdit de chercher une nouvelle preuve en faveur de cette interprétation du pouvoir indirect de l'Église dans le sens d'une action morale sur les affaires temporelles de l'État. Voici d'ailleurs en quels termes ce pape revendique les droits de l'Église vis-à-vis du pouvoir temporel de l'État, dans l'Encyclique *Sapientiæ Christianæ*, du 10 janvier 1890 : « Ceux qui rédigent des constitutions et font des lois doivent tenir compte de la nature morale et religieuse de l'homme et l'aider à se perfectionner, mais avec ordre et droiture, n'ordonnant et ne prohibant rien sans avoir égard à la fin propre de chacune des sociétés civile et religieuse. L'Église ne saurait donc être indifférente à ce que telles ou telles lois régissent les États, non pas en tant que ces lois appartiennent à l'ordre civil et politique, mais en tant qu'elles sor-

tiraient de sa sphère, et empiéteraient sur ses
droits. Ce n'est pas tout. L'Église a encore reçu de
Dieu le mandat de s'opposer aux institutions qui
nuiraient à la religion, et de faire de continuels
efforts pour pénétrer de la vertu de l'Évangile les
lois et les institutions des peuples. Et comme le
sort des États dépend principalement des dispositions de ceux qui sont à la tête du gouvernement,
l'Église ne saurait accorder ni son patronage ni
sa faveur aux hommes qu'elle sait lui être hos-
tiles, qui refusent de respecter ses lois, qui cherchent à briser l'alliance établie par la nature même
des choses entre les intérêts religieux et les intérêts de l'ordre civil. Au contraire, son devoir est
de favoriser ceux qui ont de saines idées sur les
rapports de l'Église et de l'État, et s'efforcent de
les faire servir par leur accord au bien général ».
Nous pourrions encore citer l'Encyclique *Au milieu des sollicitudes*, du 16 février 1892, et la Lettre
aux cardinaux français du 3 mai de la même
année, où les défenseurs de la seconde opinion
sont libres de voir comme une mise en action du
pouvoir indirect de l'Église avec une portée directive et d'ordre moral.

Mais, quoi qu'il en soit des diverses interprétations qu'on puisse donner du pouvoir indirect, en
tant qu'il signifie de la part de l'Église un droit

d'intervention dans les affaires de l'État, on ne saurait nier l'existence de ce droit, ni contester la nature des devoirs qu'en retour il impose à l'État lui-même vis-à-vis de l'Église. Or ces devoirs de justice, qui découlent du principe de la subordination indirecte de l'État par rapport à l'Église, ont un caractère à la fois négatif et positif. En effet, ils exigent de l'État, non seulement qu'il s'abstienne, dans l'exercice de ses pouvoirs directif et exécutif, de gêner en quoi que ce soit la mission et les libertés de l'Église, mais encore qu'il se mette au service de l'Église et lui prête le concours de son autorité et de ses ressources matérielles, chaque fois que la fin de cette société supérieure et divine vient à le réclamer.

L'Église, jouissant d'une prééminence juridique en regard de l'État, et l'État lui-même, indirectement subordonné à l'Église, sans préjudice de son indépendance dans sa sphère particulière, tel est le second rapport naturel qui unit les deux puissances.

Nous comprenons maintenant comment il faut apprécier l'*appel comme d'abus* ou le *recours en cas d'abus.*

Considéré dans sa nature même, *l'appel comme d'abus* est un recours contre les empiètements de la puissance ecclésiastique sur les droits de la puissance civile, et réciproquement contre les empiètements de la puissance civile sur les droits de la puissance ecclésiastique. « Ce qui de tout temps a caractérisé l'abus, dit Portalis, c'est la nature même de l'acte : l'acte abusif est celui qui a été fait sans pouvoir, au delà de la juridiction ordinaire et naturelle » [1].

Aussi bien, dans le droit de l'ancien régime, l'appel comme d'abus avait-il pour but de garantir pareillement aux deux pouvoirs leurs limites naturelles ; mais, en fait, il n'a jamais été employé que contre les excès prétendus ou véritables du pouvoir ecclésiastique.

Cette destination aussi injuste que restreinte de l'appel comme d'abus fut encore aggravée par le droit moderne. Voici en effet ce que nous lisons dans les Articles organiques, art. 6 : « Il y aura recours au Conseil d'État dans les cas d'abus de la part des supérieurs ecclésiastiques. Les cas d'abus sont : l'usurpation ou excès de pouvoir, la contravention aux lois et règlements de la République, l'infraction des règles consacrées par les ca-

1. *Rapport sur les Articles organiques.* — Cf. Mgr AFFRE, *De l'appel comme d'abus*, p. 208.

nons reçus en France, l'attentat aux libertés, franchises et coutumes de l'Église gallicane, et toute
entreprise ou tout procédé qui, dans l'exercice du
culte, peut compromettre l'honneur des citoyens,
troubler arbitrairement leur conscience, dégénérer
contre eux en oppression, ou en injure, ou en
scandale public ».

Il est certes inutile d'insister sur le caractère
d'injustice que revêtent tous ces appels comme
d'abus. Car nous le savons, un appel doit nécessairement procéder du tribunal inférieur au tribunal
supérieur ; or, c'est précisément l'inverse qui a
lieu dans les appels comme d'abus, puisque l'Église
est une société juridiquement supérieure à l'État,
et que ce dernier lui est indirectement subordonné.
Aussi ne faut-il pas nous étonner que cette erreur
de droit public ait été condamnée dans le *Syllabus*, prop. 41,'et que même elle puisse entraîner
avec elle une censure d'excommunication spécialement réservée au Souverain Pontife, comme on
peut le voir dans la Constitution *Apostolicæ Sedis*,
§ I, nos 6 et 7.

III. — Union et concorde.

L'Église et l'État sont des sociétés parfaites,
bien distinctes l'une de l'autre, et souveraines,

chacune dans leur ordre respectif. Mais cette distinction ne saurait être étendue jusqu'à la *séparation* des deux sociétés, qui sont au contraire appelées par leur nature même à vivre sous un régime d'alliance et de paix. D'où un troisième rapport naturel que nous allons analyser : un *rapport d'union et de concorde.*

Les deux puissances venant de la même source, d'un Dieu qui est ordre, sagesse et paix, tendant en définitive au même but, le bonheur de l'homme, il est évident qu'elles ne peuvent totalement s'ignorer, mais qu'un certain accord doit être la loi fondamentale de leurs relations.

D'autre part, nous l'avons démontré dans un chapitre spécial sur *les devoirs de l'État*, la nature et la raison imposent à l'État des devoirs envers Dieu et la religion. L'État, disions-nous, se doit à lui-même autant qu'à ses membres de ne pas vivre dans l'athéisme, mais au contraire de s'unir intimement à la religion et de lui prêter assistance et concours. Or l'Église seule a été officiellement investie par Dieu de la mission de représenter ici-bas la religion avec une organisation sociale par-

faite et indépendante. « Quant à décider quelle
religion est la vraie, dit Léon XIII dans l'Encyclique *Immortale Dei*, cela n'est pas difficile à
quiconque voudra en juger avec prudence et sin-
cérité. En effet, des preuves très nombreuses et
éclatantes, la vérité des prophéties, la multitude
des miracles, la prodigieuse célérité de la propagation de la foi, même parmi ses ennemis et en
dépit des plus grands obstacles, le témoignage des
martyrs et d'autres arguments semblables, prou-
vent clairement que la seule vraie religion est celle
que Jésus-Christ a instituée lui-même et qu'il a
donné mission à son Église de garder et de propager ». C'est donc avec l'Église que l'État est
appelé à vivre dans l'union et la concorde. « Si la
société civile a des devoirs envers Dieu, envers la
religion instituée de Dieu, c'est l'Église qui est ici-
bas créancière au nom de Dieu de ces obligations
religieuses » [1].

Mais en quoi consiste cette alliance des deux
pouvoirs ? Elle comporte à la fois un accord négatif et un concours positif.

1. Mgr D'HULST, *Op. cit.*, p. 42.

L'accord *négatif* est réalisé lorsqu'aucune des deux sociétés ne fait rien qui puisse porter atteinte aux droits de l'autre. Ainsi l'Église évite d'affaiblir l'autorité des chefs de gouvernement vis-à-vis de leurs sujets, et de se mêler des affaires purement politiques. De son côté, l'État s'abstient de mettre sa législation et ses actes en opposition avec les lois de Dieu et de l'Église, comme aussi de s'immiscer dans les choses de la religion et de l'ordre spirituel.

Cependant cet accord négatif ne suffit pas. Pour que l'union des deux pouvoirs soit réelle et efficace, il faut qu'au besoin ils se prêtent mutuellement un concours *positif*. De cette manière, l'Église accorde à l'État le secours de ses prières, afin d'attirer sur lui les bénédictions du ciel, l'appui de son autorité et de son influence morale, pour maintenir l'ordre et la paix parmi le peuple, et même une certaine participation matérielle dans les cas urgents, comme preuve de son désintéressement et de sa charité. A son tour, l'État assure la protection légale à l'Église, à la liberté de son ministère et à l'exercice de tous ses droits ; il lui prête, au besoin, l'appui de sa force matérielle, pour suppléer à l'inefficacité des peines spirituelles, ou pour réprimer tout acte d'hostilité contre elle ; il pourvoit à ses nécessités extérieures, à l'entretien de son culte et de ses ministres, lorsque les revenus des biens ecclésiastiques viennent à être insuffisants ; enfin il s'efforce de favoriser le progrès de la religion et de mettre sa législation en harmonie avec les lois de l'Église, auxquelles il peut encore apporter, s'il en est requis, le concours de son autorité. Car, il faut bien noter que « l'État, par lui-même, n'a pas le droit d'intervenir dans les affaires de l'Église, de mettre à exécution les décisions et les sentences de la puissance spirituelle. En ces matières, il ne peut agir qu'en vertu d'une autorité que l'Église lui délègue, soit explicitement, soit implicitement, comme à son auxiliaire et à son subordonné. Dans l'ordre des vérités et des pratiques révélées, dans la sphère surnaturelle où l'Église a ses fondements, l'État ne peut avoir d'autre droit. C'est pourquoi, dans l'accomplissement du devoir de protection, il doit toujours suivre l'Église, jamais la devancer ; il doit se contenter de mettre la force et les moyens dont il dispose au service de son alliée » [1].

1. Moulart, *Op. cit.*, p. 255 sq.

Mais, comme c'est particulièrement sur les *matières mixtes* qu'il importe de voir se réaliser une parfaite alliance entre l'Église et l'État, il nous faut tout de suite en dire quelques mots.

Il existe en effet, en dehors des choses proprement spirituelles qui sont du domaine exclusif de l'Église, et des choses proprement temporelles qui sont du domaine exclusif de l'État, des objets *mixtes* sur lesquels les deux puissances exercent concurremment un droit de juridiction, parce qu'ils regardent directement aussi bien la fin spirituelle que la fin temporelle. « Le pouvoir civil et le pouvoir sacré, dit Léon XIII dans l'Encyclique *Libertas*, bien que n'ayant pas le même but et ne marchant pas par les mêmes chemins, doivent pourtant, dans l'accomplissement de leurs fonctions, se rencontrer quelquefois l'un et l'autre. Tous deux, en effet, exercent plus d'une fois leur autorité sur les mêmes objets, quoique à des points de vue différents. Le conflit, dans cette occurrence, serait absurde et répugnerait ouvertement à l'infinie sagesse des conseils divins ; il faut donc nécessairement qu'il y ait un moyen, un procédé pour faire disparaître les causes de contestations et de luttes et établir l'accord dans la pratique ».

Or voici, d'après les principes déjà établis, les règles auxquelles l'Église et l'État doivent se conformer dans leurs rapports mutuels touchant les choses mixtes. Si les choses mixtes sont de celles qui se rattachent principalement à l'ordre naturel et n'ont point été élevées à l'ordre surnaturel, telles que les affaires d'enseignement, les questions de justice dans les contrats, il est loisible à chacun des deux pouvoirs d'exercer sur elles une pleine et entière juridiction, de la manière qui convient à sa propre fin ; mais en ceci, comme en toutes choses, la société civile ne doit pas oublier qu'elle est indirectement subordonnée à l'Église. Si au contraire les choses mixtes se rattachent principalement à l'ordre surnaturel, comme par exemple le contrat de mariage qui a été élevé par le Christ à la dignité de sacrement, le pouvoir de l'Église étend seul son autorité sur la substance de ces choses et sur les effets inséparables qui l'accompagnent : ainsi en est-il, pour le mariage, du contrat lui-même et de la légitimité des enfants ; mais quant aux autres effets temporels qui peuvent être séparés de la chose surnaturelle, ils reviennent de droit au pouvoir civil, pourvu que celui-ci tienne toujours compte de sa subordination indirecte vis-à-vis du pouvoir spirituel [1].

Ainsi donc l'Église et l'État sont naturellement appelés à poursuivre leur mission respective dans un étroit rapport d'union et d'*entente cordiale*.

La séparation de l'Église et de l'État.

Il nous est facile maintenant de résoudre l'important problème de la *séparation de l'Église et de l'État*, qui par plus d'un côté se trouve déjà préjugé dans ce qui précède.

Tout d'abord, entre l'Église et l'État, une séparation complète et absolue est-elle possible ? Ces deux sociétés peuvent-elles vivre côte à côte et s'ignorer totalement ? — Hâtons-nous de répondre qu'en théorie et en pratique, la chose est impossible. « La vie religieuse d'un peuple et sa vie civile ne sont pas deux sphères voisines, ni même deux sphères tangentes : ce sont deux sphères qui se coupent, et le terrain commun, les questions mixtes sont impossibles à éliminer. La religion est un fait qu'on ne peut pas séparer de la vie

1. Cavagnis, *Op. cit.*, p. 262 sq.

civile. Sur le terrain de l'éducation individuelle, familiale, civique, et par conséquent de l'enseignement à tous ses degrés, l'État rencontre fatalement l'Église. Sur le terrain de la morale, du droit d'association, du droit de posséder, du droit de manifestation et de culte public, du droit à la parole publique, de la liberté de la presse, l'État rencontre fatalement l'Église. Sur le terrain des cérémonies qui accompagnent les événements principaux de la vie des citoyens, naissance, mariage, mort, l'État rencontrera fatalement l'Église. Des problèmes multiples, complexes, qui revêtent chaque jour des aspects nouveaux, mêleront éternellement entre l'Église et l'État les fils sans cesse renaissants de relations inévitables » [1].

D'ailleurs, si la séparation signifie de la part de l'État un *athéisme officiel*, c'est-à-dire la négation théorique ou l'exclusion pratique de toute religion naturelle ou révélée, nous savons que toute conscience honnête doit la rejeter comme un crime envers Dieu et un attentat à la raison.

Il faut porter le même jugement si par « séparation » l'on entend *l'indifférence absolue* de l'État en matière de religion, *sa neutralité religieuse,* ou mieux, sa neutralité entre la religion et l'irré-

1. Gaudeau, *L'Église et l'État laïque*, Paris, 1905, p. 71 sq.

ligion et son ignorance officielle à l'égard des principes mêmes de la religion naturelle : car ce serait toujours, en somme, l'athéisme, quoique déguisé sous un autre nom, et nul homme n'a le droit de l'accepter, ni en théorie, ni en pratique.

Mais que penser de cette séparation en vertu de laquelle l'État observerait simplement une sorte de *neutralité confessionnelle* à l'égard des divers cultes qui ne seraient pas évidemment et gravement en contradiction avec les données de la morale et de la religion naturelle ? Dans ce cas, l'État, tout en s'acquittant de ses devoirs envers Dieu et en protégeant la religion, ne ferait alliance avec aucune Église particulière ; il accorderait néanmoins aux différentes associations religieuses honnêtes le droit d'exister, de s'organiser et de se gouverner suivant leurs lois propres, et aux citoyens la liberté de leur conscience, avec la pleine jouissance des droits civils et politiques ; mais il veillerait en même temps à ce que cette *liberté des cultes* fût maintenue, comme toutes les autres libertés, dans les limites de l'ordre et de la morale publique.

Si nous voulons donner une réponse exacte à cette question, nous devons l'examiner à deux points de vue bien distincts, savoir, en *thèse* et en *hypothèse*. La thèse, c'est le principe, la théorie, et l'idéal ; l'hypothèse, c'est la réalité pratique des faits, et l'application concrète du principe selon les circonstances de temps, de lieu, de personnes, etc.

Or, si nous envisageons, *en thèse*, la séparation, dans le sens d'une neutralité confessionnelle de la part de l'État, nous disons que nul catholique ne saurait l'admettre comme une règle du droit public chrétien, ni la considérer comme l'état normal de la société. Nous avons vu au contraire qu'en principe l'État doit faire alliance exclusivement avec la vraie religion représentée par la seule Église catholique. « Envisagée au point de vue social, proclame Léon XIII dans l'Encyclique *Libertas*, la liberté des cultes veut que l'État ne rende aucun culte à Dieu, ou n'autorise aucun culte public ; que nulle religion ne soit préférée à l'autre, que toutes soient considérées comme ayant les mêmes droits, sans même avoir égard au peuple, lors même que ce peuple fait profession de catholicisme. Mais pour qu'il en fût ainsi, il faudrait que vraiment la communauté civile n'eût aucun devoir envers Dieu, ou qu'en ayant, elle pût impunément s'en affranchir : ce qui est également et manifestement faux. Non, de par la justice, non, de par la raison, l'État ne peut être athée, ou, ce qui reviendrait à l'athéisme, être animé à l'égard de toutes les religions, comme on dit, des mêmes dispositions, et leur accorder indistinctement les mêmes droits. Puisqu'il est nécessaire de professer une religion dans la société, il faut professer celle qui est la seule vraie et que l'on reconnaît sans peine, au moins dans les pays catholiques, aux signes de vérité dont elle porte l'éclatant caractère ».

Mais si nous nous plaçons sur le terrain de *l'hypothèse*, c'est-à-dire de la réalité des faits, au milieu des circonstances particulières, nous ne saurions affirmer qu'on doive condamner absolument, en tout temps, en tout lieu et chez tous les peuples, le régime de la séparation d'après laquelle l'État, observant une neutralité confessionnelle et tolérant les divers cultes, s'abstient de donner à l'Église, de préférence aux autres religions, aucune reconnaissance légale et officielle. Toutefois il est bien entendu que l'État devra toujours laisser l'Église, au moins en vertu du droit commun et à titre d'association religieuse parfaitement honnête et licite, jouir d'une pleine et entière liberté dans l'accomplissement de sa mission et l'exercice de

tous ses droits. Ainsi l'Église pourra en toute
liberté communiquer avec son chef, le Souverain
Pontife ; promulguer des lois pour ses sujets, et
en poursuivre l'application au besoin par des jugements et des peines ; choisir elle-même ses pasteurs dans la forme qui lui agréera ; recruter ses
ministres et pourvoir à leur éducation ecclésiastique ; faire bénéficier les simples fidèles de l'instruction religieuse et même ouvrir des écoles pour
l'enseignement profane ; célébrer ses fêtes et
solennités liturgiques ; posséder et administrer
tous les biens temporels qui lui seront nécessaires,
etc. ; en un mot, user de tous les pouvoirs qui, de
droit naturel, appartiennent à une société religieuse. « Cette situation, remarque Léon XIII
dans l'Encyclique *Au milieu des sollicitudes*, du
16 février 1892, se produit dans certains pays.
C'est une manière d'être qui, si elle a de nombreux
et graves inconvénients, offre aussi quelques
avantages, surtout quand le législateur, par une
heureuse inconséquence, ne laisse pas que de
s'inspirer des principes chrétiens ; et ces avantages, bien qu'ils ne puissent justifier le faux
principe de la séparation, ni autoriser à le défendre, rendent cependant digne de tolérance un
état de choses qui, pratiquement, n'est pas le pire
de tous ».

***

Après tout ce que nous venons de dire, nous devons comprendre comment il faut apprécier la formule si usitée de nos jours et attribuée à Cavour : « *L'Église libre dans l'État libre* ». Dans la pensée des hommes politiques qui adoptent cet axiome, le mot de « liberté » est ici synonyme de « séparation ». Si donc la fameuse formule présente la séparation de l'Église et de l'État, en *thèse*, c'est-à-dire comme un *principe général* de droit public que l'on doive tenir pour vrai et chercher à faire prévaloir partout et toujours, elle est fausse ; si au contraire elle présente la séparation simplement *dans l'hypothèse*, c'est-à-dire *comme règle pratique* de gouvernement pour tel ou tel peuple, elle pourra être ou ne pas être condamnable, selon les circonstances. Toutefois, le terme de *liberté*, employé pour désigner cette séparation, ne peut servir qu'à jeter la déconsidération et même l'odieux sur tout régime quelconque d'union de l'Église et de l'État ; car on laisse clairement entendre par là que l'alliance des deux pouvoirs ne saurait jamais se réaliser sans le sacrifice de leurs droits et de leurs libertés mutuels ; idée essentiellement fausse que l'on ne doit pas laisser s'accréditer. Enfin par cette formule on met l'Église « dans l'État ». Or, prise avec sa signification naturelle et grammaticale, cette expression n'est pas seulement inexacte, elle tend directement à détruire la notion catholique de l'Église. Celle-ci, en vertu même de sa constitution, est universelle et indéfectible, elle est de tous les pays et de tous les siècles, et, à ce point de vue, on peut dire que c'est elle qui renferme l'État et tous les États dans son sein [1].

La séparation en France.

Tels sont les principes généraux à l'aide desquels il semble qu'on puisse juger la question de la séparation de l'Église et de l'État. Mais comment nous dispenser de dire quelques mots de leur application en France ?

Une loi a été promulguée le 9 décembre 1905 sous le nom de *loi de séparation des Églises et de l'État*, quoiqu'elle soit plutôt une tentative *d'oppression de l'Église par l'État* [2]. Elle crée en France une situation inadmissible en principe pour l'Église, comme l'a clairement démontré le

1. MOULART, *Op. cit.*, p. 155.
2. Encyclique aux archevêques et évêques de France, 10 août 1906.

Pape Pie X dans l'Encyclique *Vehementer* du 11 février 1906.

Pie X, après avoir tout d'abord prouvé que la thèse de la séparation de l'Église et de l'État est absolument fausse et contient une très pernicieuse erreur, proclame que ce régime de la séparation, déjà funeste et blâmable pour un État chrétien, quel qu'il soit, est spécialement à déplorer pour la France. « La France, disons-Nous, qui dans le cours des siècles, a été de la part de ce siège apostolique l'objet d'une si grande et si singulière prédilection ; la France dont la fortune et la gloire ont toujours été intimement unies à la pratique des mœurs chrétiennes et au respect de la religion ! »

Déjà le Pape Léon XIII avait parlé dans le même sens, en donnant audience aux pèlerins français, le 13 avril 1888 : « La France, disait ce Pontife, ne saurait oublier que sa providentielle destinée l'a unie au Saint-Siège par des liens trop étroits et trop anciens pour qu'elle veuille jamais les briser. De cette union, en effet, sont sorties ses vraies grandeurs et sa gloire la plus pure. Troubler cette union traditionnelle serait enlever à la nation elle-même une partie de sa force morale et de sa haute influence dans le monde ».

Sur cette importante question, le même Pape

Léon XIII se prononçait encore en termes plus explicites, dans l'Encyclique à tous les catholiques de France, le 16 février 1892 : « En France, déclarait-il, nation catholique par ses traditions et par la foi présente de la grande majorité de ses fils, l'Église ne doit pas être mise dans la situation précaire qu'elle subit chez d'autres peuples. Les catholiques peuvent d'autant moins préconiser la séparation, qu'ils connaissent mieux les intentions des ennemis qui la désirent. Pour ces derniers, et ils le disent assez clairement, cette séparation, c'est l'indépendance entière de la législation politique envers la législation religieuse ; il y a plus, c'est l'indifférence absolue du pouvoir à l'égard des intérêts de la société chrétienne, c'est-à-dire de l'Église, et la négation même de son existence ».

Ces craintes si clairvoyantes du Pape Léon XIII n'étaient, hélas, que trop justifiées, et les intentions des ennemis de l'Église ne devaient que trop se réaliser dans la *loi de séparation du 9 décembre 1905.*

Voici en effet les principales injustices qui découlent de cette loi et que le Pape Pie X dénonce avec une franchise tout apostolique dans l'Encyclique déjà citée du 11 février 1906.

Un premier caractère d'injustice ressort de ce fait que, par la présente loi, l'État transgresse la foi jurée en abrogeant de sa seule autorité le pacte solennel et bilatéral qu'il avait signé, *le concordat de 1801*.

Bien plus, l'injure infligée au Siège Apostolique par l'abrogation unilatérale du Concordat se trouve aggravée en raison même de la forme dans laquelle l'État effectue cette abrogation. « C'est un principe, admis sans discussion dans le droit des gens et universellement observé par toutes les nations, que la rupture d'un traité doit être préventivement et régulièrement notifiée, d'une manière claire et explicite, à l'autre partie contractante par celle qui a l'intention de dénoncer le traité. Or, non seulement aucune dénonciation de ce genre n'a été faite au Saint-Siège, mais aucune indication quelconque ne lui a même été donnée à ce sujet. En sorte que le gouvernement français n'a pas hésité à manquer vis-à-vis du Siège Apostolique aux égards ordinaires et à la courtoisie dont on ne se dispense même pas vis-à-vis des états les plus petits ».

Mais l'erreur et l'injustice apparaissent plus évidentés encore si on considère la loi en elle-même. « Puisque l'État, rompant les liens du Concordat se séparait de l'Église, il eût dû comme conséquence naturelle lui laisser son indépendance et lui permettre de jouir en paix du droit commun dans la liberté qu'il prétendait lui concéder. Or rien n'a été moins fait en vérité. Nous relevons en effet dans la loi plusieurs mesures d'exception qui, odieusement restrictives, mettent l'Église sous la domination du pouvoir civil ».

Comment d'abord ne pas signaler le faux principe que formule un des premiers articles de la loi, savoir, de la part de l'État, une profession d'indifférence absolue en matière de religion, une profession d'*athéisme officiel* et de laïcisme à outrance : « La République ne reconnaît aucun culte » !

Bientôt d'ailleurs l'État se donne à lui-même un véritable démenti, lorsque, dans les articles suivants, il témoigne qu'il veut reconnaître l'Église, mais pour envahir son domaine et mettre en tutelle ses droits et sa liberté.

La loi de séparation cherche à porter atteinte à la *constitution* suivant laquelle l'Église, société hiérarchique, société surnaturelle et indépendante, a été fondée par Jésus-Christ. En effet elle « attribue l'administration et la tutelle du culte public non pas au corps hiérarchique divinement institué par le Sauveur, mais à une association de personnes laïques.

« A cette association elle impose une forme, une personnalité juridique, et pour tout ce qui touche au culte religieux elle la considère comme ayant seule des droits civils et des responsabilités à ses yeux. Aussi est-ce à cette association que reviendra l'usage des temples et des édifices sacrés, c'est elle qui possédera les biens ecclésiastiques, meubles et immeubles ; c'est elle qui disposera, quoique d'une manière temporaire seulement, des évêchés, des presbytères et des séminaires ; c'est elle enfin qui administrera les biens, réglera les quêtes, et recevra les aumônes et les legs destinés au culte religieux. Quant au corps hiérarchique des pasteurs, on fait sur lui un silence absolu. Et si la loi prescrit que les associations cultuelles doivent être constituées conformément aux règles d'organisation générale du culte dont elle se propose d'assurer l'exercice, d'autre part, on a bien soin de déclarer que dans tous les différends qui pourront naître relativement à leurs biens, seul le conseil d'État sera compétent. Ces associations cultuelles elles-mêmes seront donc vis-à-vis de l'autorité civile dans une dépendance telle que l'autorité ecclésiastique, et c'est manifeste, n'aura plus sur elles aucun pouvoir. Combien toutes ces dispositions seront blessantes pour l'Église et contraires à ses droits et à sa constitution divine,

il n'est personne qui ne l'aperçoive au premier
coup d'œil.

« En outre, rien n'est plus contraire à *la liberté*
de l'Église que cette loi. En effet, quand, par
suite de l'existence des associations cultuelles, la
loi de séparation empêche les pasteurs d'exercer
la plénitude de leur autorité et de leur charge sur
le peuple des fidèles ; quand elle attribue la juridiction suprême sur ces associations au conseil
d'État, et qu'elle les soumet à toute une série de
prescriptions en dehors du droit commun, qui
rendent leur formation difficile et plus difficile
encore leur maintien ; quand, après avoir proclamé la liberté du culte, elle en restreint l'exercice par de multiples exceptions ; quand elle
dépouille l'Église de la police intérieure des
temples pour en investir l'État ; quand elle en-
trave la prédication de la foi et de la morale catholiques, et édicte contre les clercs un régime
pénal sévère et d'exception ; quand elle sanc-
tionne ces dispositions et plusieurs autres dispositions semblables, où l'arbitraire peut aisément
s'exercer, que fait-elle donc sinon placer l'Église
dans une sujétion humiliante, et, sous le prétexte
de protéger l'ordre public, ravir à des citoyens
paisibles, qui forment encore l'immense majorité
en France, le droit sacré d'y pratiquer leur propre

religion ? Aussi n'est-ce pas seulement en restreignant l'exercice de son culte, auquel la loi de séparation réduit faussement toute l'essence de la religion, que l'État blesse l'Église, c'est encore en faisant obstacle à son influence toujours si bienfaisante sur le peuple et en paralysant de mille manières différentes son action. C'est ainsi, entre autres choses, qu'il ne lui a pas suffi d'arracher à cette Église les ordres religieux, ces précieux auxiliaires dans le sacré ministère, dans l'enseignement, dans l'éducation, dans les œuvres de charité chrétienne, mais qu'elle la prive encore des ressources qui constituent les moyens humains nécessaires à son existence et à l'accomplissement de sa mission.

« Outre les préjudices et les injures que nous avons relevés jusqu'ici, la loi de séparation viole encore et affaiblit le *droit de propriété* de l'Église. Contrairement à toute justice, elle dépouille cette Église d'une grande partie d'un patrimoine qui lui appartient pourtant à des titres aussi multiples que sacrés ; elle supprime et annule toutes les fondations pieuses très légalement consacrées au culte divin ou à la prière pour les trépassés. Quant aux ressources que la libéralité catholique avait constituées pour le maintien des écoles chrétiennes ou pour le fonctionnement de différentes œuvres de bienfaisance chrétienne, elle les transfère à des établissements laïques où l'on chercherait vainement d'ordinaire le moindre vestige de religion. En quoi elle ne viole pas seulement les droits de l'Église, mais encore la volonté formelle et explicite des donateurs et des testateurs.

« Il nous est extrêmement douloureux aussi qu'au mépris de tous les droits, i . déclare propriété de l'État, des départements ou des communes, tous les édifices ecclésiastiques antérieurs au Concordat. Et si la loi en concède l'usage indéfini et gratuit aux Associa' .s culuelles, elle entoure cette concession de tant et de telles réserves qu'en réalité elle laisse aux pouvoirs publics la liberté d'en disposer.

« Nous avons, de plus, les craintes les plus véhémentes en ce qui concerne la sainteté de ces temples, asiles augustes de la majesté divine et lieux mille fois chers, à cause de leurs souvenirs, à la piété du peuple français. Car ils sont certainement en danger, s'ils tombent entre des mains laïques, d'être profanés.

« Quand la loi, supprimant le budget des cultes, exonère ensuite l'État de l'obligation de pourvoir aux dépenses cultuelles, en même tei s elle viole un engagement contracté dans une convention diplomatique et elle blesse très gravement la justice. Sur ce point, en effet, aucun doute n'est possible, et les documents historiques eux-mêmes en témoignent de la façon la plus claire : si le gouvernement français assuma dans le Concordat la charge d'assurer aux membres du clergé un traitement qui leur permît de pourvoir, d'une façon convenable, à leur entretien et à celui du culte religieux, il ne fit point cela à titre de concession gratuite : il s'y obligea à titre de dédommagement, partiel au moins, vis-à-vis de l'Église, dont l'État s'était approprié les biens pendant la première Révolution. D'autre part aussi, quand, dans ce même Concordat et par amour de la paix, le Pontife romain s'engagea, en son nom et au nom de ses successeurs, à ne pas inquiéter les détenteurs des biens qui avaient été ainsi ravis à l'Église, il est certain qu'il ne fit cette promesse qu'à une condition : c'est que le gouvernement français s'engagerait à perpétuité à doter le clergé d'une façon convenable et à pourvoir aux frais du culte divin.

« C'est pourquoi, Nous souvenant de notre charge apostolique, et conscient de l'impérieux devoir qui Nous incombe de défendre contre toute attaque et de maintenir dans leur intégrité absolue les droits inviolables et sacrés de l'Église, en vertu de l'autorité suprême que Dieu Nous a conférée, Nous, pour les motifs exposés ci-dessus, Nous *réprouvons* et nous *condamnons* la loi votée en France sur la séparation de l'Église et de l'État comme profondément injurieuse vis-à-vis de Dieu, qu'elle renie officiellement en posant en principe que la République ne reconnaît aucun culte. Nous la réprouvons et condamnons comme violant le droit naturel, le droit des gens et la fidélité publique due aux traités ; comme contraire à la constitution divine de l'Église, à ses droits essentiels et à sa liberté ; comme renversant la justice et foulant aux pieds les droits de propriété que l'Église a acquis à des titres multiples, et, en outre, en vertu du Concordat. Nous la réprouvons et condamnons comme gravement offensante pour la dignité de ce siège apostolique, pour notre personne, pour l'Épiscopat, pour le clergé et pour tous les catholiques français.

« En conséquence, nous *protestons* solennellement et de toutes nos forces contre la proposition, contre le vote et contre la promulgation de cette loi, déclarant qu'elle ne pourra jamais être alléguée contre les droits imprescriptibles et immuables de l'Église pour les infirmer »[1].

A cette condamnation de principe et en thèse est venue s'ajouter une condamnation de fait et *dans l'hypothèse.*

Après avoir pris l'avis de l'Épiscopat français réuni en assemblée générale à Paris, les 30 et 31 mai 1906, le Pape s'est prononcé sur la question capitale de la loi du 9 décembre 1905 : celle des *Associations culluelles.*

Dans la lettre encyclique *Gravissimo officii* aux archevêques et évêques de France, le 10 août 1906, Pie X déclare repousser les associations culluelles, telles que la loi de séparation les impose, et ne pas approuver l'essai de quelque autre genre d'association à la fois légal et canonique « tant qu'il ne constera pas, d'une façon certaine et légale, que la divine constitution de l'Église, les droits immuables du Pontife Romain et des Évêques, comme leur autorité sur les biens nécessaires à l'Église, particulièrement sur les édifices sacrés, seront irrévocablement, dans les dites associations, en pleine sécurité ».

1. Traduction de la revue « *Les questions actuelles* », 24 février 1906, Paris, Edit. Bonne Presse.

CHAPITRE II

RAPPORTS CONCORDATAIRES

La coexistence sociale de l'Église et de l'État, qui exercent leur autorité sur les mêmes personnes et parfois aussi sur les mêmes choses, bien qu'à des points de vue différents, peut devenir pour les deux pouvoirs une occasion de discussions et de conflits. Comment résoudre ces difficultés ? Sans doute, l'application des principes absolus que nous avons étudiés dans le précédent chapitre, savoir, d'une part, de la mutuelle indépendance de l'Église et de l'État dans leur sphère particulière, et, d'autre part, de la subordination de l'ordre temporel à l'ordre spirituel, devrait suffire pour conserver l'harmonie ou ramener la paix entre les deux sociétés. Mais il faudrait pour cela que l'État voulût bien toujours se conformer aux règles du droit public chrétien. Or il n'est pas rare au contraire que l'État observe à l'égard de l'Église une attitude indifférente ou même hostile. Comment donc mettre fin aux dissensions qui ne peuvent manquer de se produire à chaque instant ? Comment réaliser l'entente des deux puissances sur les questions communes et les matières mixtes ? Comment surtout couper court à un régime de lutte et de persécution également nuisible aux intérêts de l'État et de l'Église ?

C'est alors que souvent les deux pouvoirs se rapprochent et négocient, afin de trouver dans des conventions, faites de concessions mutuelles, le moyen de rétablir la concorde et la paix. Ces conventions s'appellent *concordats*, et sont pour l'Église et l'État le principe de relations accidentelles qui déterminent et précisent leurs rapports naturels. *Les rapports concordataires de l'Église et de l'État*, tel sera donc l'objet de ce chapitre.

I. — Notions générales.

QU'EST-CE QU'UN CONCORDAT ? C'est un arrange-ment, un accord, en vertu duquel l'Église concède à l'État une part dans l'exercice des pouvoirs qui lui sont propres, et l'État s'engage à protéger les intérêts de l'Église, selon le mode convenu.

Ainsi donc les parties contractantes des concor-dats sont, d'un côté, le Souverain Pontife, non pas en tant que prince temporel des États du Saint-Siège, mais comme pasteur de l'Église uni-verselle, dans l'exercice de son primat de juridic-tion, et, d'un autre côté, le chef de l'État, empe-reur, roi ou président, faisant acte de suprême autorité. Sans doute, les évêques peuvent à la ri-gueur signer avec le gouvernement civil certaines conventions qui aient pour but de régler des af-faires ecclésiastiques intéressant le droit particu-lier de leur diocèse, et, en fait, l'histoire nous offre plus d'un exemple de ces concordats impro-prement dits [1] ; mais le Souverain Pontife seul

1. Telle est la convention passée en 1288 entre les évê-ques du Portugal et le roi Denys, et confirmée en 1289 par le pape Nicolas IV. — Cf. Nussi, *Conventiones de rebus ecclesiasticis*, Rome, 1869, Append., p. 1 sq., cité par Ve' ... *Introductio in jus Decretalium*, Rome, 1898, p. 197, not. 50.

peut intervenir dans les concordats proprement dits, pour apporter des modifications au droit commun de l'Église, et représenter officiellement la société religieuse, qui, en somme, est, avec l'État, la véritable partie contractante [1].

Or les concordats, afin d'obtenir toute leur efficacité juridique auprès des sujets de l'Église et de l'État, doivent être promulgués dans les deux compétences respectives, comme des lois strictes et obligatoires, d'une nature à la fois ecclésiastique et civile. Mais quelle est la forme adoptée pour leur publication ? — Certains concordats sont publiés sous la forme d'une convention signée par les parties contractantes ou leurs plénipotentiaires. La convention est alors promulguée, d'un côté, comme loi de l'Église par le Souverain Pontife dans la bulle de confirmation, et, d'un autre côté, comme loi de l'État par un acte spécial du pouvoir civil. Cette forme est généralement observée pour les concordats passés entre le Saint-Siège et les États catholiques, et c'est ainsi qu'ont été publiés les concordats de 1801 avec la France, de 1817 avec la Bavière et de 1855 avec l'Autriche. — D'autres fois, les concordats sont publiés sous la forme d'une constitution pontificale à laquelle

---

1. CAVAGNIS, *Op. cit.*, p. 390 ; VERNZ, *l. c.*

le pouvoir civil donne force de loi. Cependant, même dans ce cas, il existe toujours une convention préalable, ordinairement établie par un échange de notes diplomatiques, à laquelle se conforme, d'une part, le Souverain Pontife, dans la constitution spéciale où il règle les affaires religieuses de telle ou telle nation, et, d'autre part, le gouvernement civil, dans l'acte législatif où il donne force de loi aux choses réglées par la bulle pontificale. Cette seconde forme est plutôt suivie pour les concordats qui ont lieu avec les États non catholiques.

Quelle est *l'origine* et le *but* des concordats ? L'histoire nous le dit assez clairement : en effet, si nous parcourons la liste des concordats qui ont successivement mis les diverses nations en rapport avec le Saint-Siège, nous voyons que *l'origine* de ces conventions se rattache toujours à un régime, ou mieux, à une crise de discorde et de guerre entre les deux puissances, ecclésiastique et civile ; mais nous nous apercevons vite aussi que cette discorde, cette crise religieuse est ordinairement imputable aux gouvernements civils,

qui, loin de s'acquitter envers l'Église des obligations que leur imposent la loi naturelle et le droit
divin, cherchent plutôt à empiéter sur ses droits
et à la dépouiller de ses libertés. Or les concordats
ont précisément pour *but* de rétablir, entre
l'Église et l'État, les relations de concorde et de
paix un instant interrompues, grâce à certains ar-
rangements que le Souverain Pontife consent au
pouvoir civil touchant les affaires religieuses.

Ainsi donc, à la suite de difficultés graves qui
ont modifié les rapports de l'Église et de l'État, et,
le plus souvent, au lendemain d'attentats du pouvoir civil qui ont jeté le trouble dans l'Église, le
Souverain Pontife, afin de prévenir de plus grands
maux, de ramener la paix, de relever et d'organiser le culte public, accorde au chef de l'État des
privilèges plus ou moins considérables, ne récla-
mant, en retour, que le respect et la garantie des
droits laissés et reconnus à l'Église. Telle est à la
fois l'origine et le but des concordats.

Prenons pour exemple le *Concordat de 1801* :

Depuis plus de dix ans, la Révolution boulever-
sait la France et accumulait partout les ruines ; la
constitution civile du clergé ne cessait de susciter
les luttes et les haines ; enfin beaucoup de questions, touchant à la fois aux intérêts de l'État et
de l'Église, avaient été soulevées par la crise ré-

volutionnaire et réclamaient une prompte solution ; d'autre part, « à cette heure, un irrésistible élan poussait le pays vers la religion, et la foi demeurait vivante et tenace dans les âmes, malgré les persécutions et les impiétés de ceux qui gouvernaient » [1]. L'entente avec l'Église et le Pape était devenue indispensable, et un concordat était nécessaire.

C'est pourquoi, après diverses vicissitudes et plusieurs tentatives infructueuses, une convention fut signée, le 15 juillet 1801, entre les plénipotentiaires du Pape Pie VII et ceux de Bonaparte, premier Consul. Promulgué le 8 avril de l'année suivante, ce Concordat rétablissait l'harmonie entre l'Église et l'État ; il mettait fin au schisme de la Constitution civile, rendait la paix à l'Église de France et la relevait de ses ruines.

Si maintenant nous nous demandons quelle est la *matière* des concordats, il faut observer que

1. E. Sevestre, *L'Histoire, le texte et la destinée du Concordat de 1801*, Paris, Lethielleux, 1905, p. 4 ; cf. Card. Mathieu, *Le Concordat de* 1801, Paris, Perrin, 1903 ; L. Crouzil, *Le Concordat de* 1801, étude historique et juridique, Paris, Bloud, 1901.

ceux-ci peuvent avoir pour objet à la fois des choses temporelles, des choses mixtes et des choses spirituelles.

Tout d'abord, pour ce qui regarde les choses *temporelles*, le Souverain Pontife, avec le concordat, *renonce* en faveur de l'État à certains droits que l'Église faisait auparavant valoir dans ses biens : c'est ainsi qu'il abandonne à l'État, moyennant une compensation raisonnable, la propriété des biens ecclésiastiques, envahie peut-être dans un moment de révolution religieuse ou civile ; ou encore l'Église renonce aux immunités et aux privilèges spéciaux dont bénéficiaient ses biens, par exemple en tolérant qu'ils soient, eux aussi, soumis aux impôts publics. De son côté, le gouvernement civil s'engage, à titre de dette publique, et pour compenser quelque peu l'abandon des biens que l'Église lui consent, à constituer un traitement équitable aux évêques et aux autres ministres, et à participer aux frais importants de l'entretien du culte. Il promet en outre de mettre au service de la religion, s'il en est requis, le concours de la police et de la force matérielle.

Quant aux choses *mixtes*, c'est-à-dire celles qui se rapportent également à l'ordre temporel et à l'ordre spirituel, telles que les Universités, les écoles communales, le mariage, etc., il appartient aux deux pouvoirs, civil et ecclésiastique, de les régler, en vertu des concordats, chacun par lui-même, dans sa sphère particulière et conformément à ses propres droits.

Enfin les choses *spirituelles* et religieuses peuvent aussi fournir matière aux concordats. Il faut en effet observer que les choses religieuses, sur lesquelles s'exerce le pouvoir spirituel de l'Église, sont de deux sortes : les unes sont d'institution divine, intimement liées à la constitution fondamentale de l'Église et parfaitement immuables ; les autres ont été laissées par le Christ Jésus à la détermination de l'Église, et partant, peuvent se modifier suivant les temps, les lieux et les personnes. Or, tandis que le Souverain Pontife est impuissant à rien changer aux premières, il peut très bien faire des *concessions* sur les secondes, et c'est là en partie, l'objet des concordats. La plus importante parmi ces concessions, celle qui touche de plus près aux droits essentiels de l'Église, c'est le droit de nomination ou de présentation aux sièges épiscopaux accordé au pouvoir civil. Mais, pour juger qu'une telle concession de la part de l'Église est légitime, on doit bien remarquer que ce droit de présentation, au même titre que l'ancien droit de patronat, ne constitue pas autre chose qu'une simple désignation, et ne

transmet à la personne choisie aucune juridiction ;
elle lui donne cependant le droit à la chose, le
jus ad rem, car le collateur, le Souverain Pontife
dans l'espèce, est tenu de lui accorder, sauf raisons valables de refus ou de *veto*, l'institution canonique qui seule confère le pouvoir aux évêques.
En retour de ces privilèges, d'ordre spirituel,
l'État s'engage à respecter et à protéger les droits
laissés et reconnus à l'Église [1].

Eu égard à la matière des concordats, la position des parties contractantes, on le voit, est bien
différente : d'un côté, en effet, l'Église accorde à
l'État des privilèges qu'elle n'est pas tenue par
ailleurs de lui concéder et qui ne sont point du
tout compris dans les droits du pouvoir civil :
d'un autre côté, au contraire, l'État concède ou
promet à l'Église un appui qu'il lui devait déjà,
en raison même de sa condition naturelle de
société indirectement subordonnée au pouvoir
spirituel et religieux : en somme, l'État ne fait
pas autre chose dans les concordats qu'ajouter un
nouveau titre, de pacte et de justice, à la dette
sacrée qui, de par le droit naturel et le droit divin,
l'avait toujours lié à l'Église [2].

---

1. Moulart, *Op. cit.*, p. 567. — Vernz, *Op. cit.*, 202-201.
2. Cavagnis, *Op. cit.*, p. 389 ; — Fink, *Op. cit.*, p. 145.

Telle nous apparaît encore la teneur du *Con-cordat de 1801*.

En effet, les obligations contractées par l'État envers l'Église dans les articles 1, 12, 14 et 15, ne représentent point des faveurs, mais de simples garanties des droits et des libertés que nul ne saurait refuser à l'Église. Au contraire, dans les articles 2, 3, 4, 5, 6, 7, 8, 9, 10, 13, 16, le Souverain Pontife accorde au pouvoir civil les plus magnifiques privilèges :

« Au nom de l'Église, le Saint-Siège veut bien ne plus se souvenir des spoliations du passé et ne point inquiéter les acquéreurs des biens ecclésiastiques. Par amour de l'ordre, il consent à remanier les circonscriptions des diocèses et des paroisses de France, à demander aux évêques leur démission, et s'ils refusent d'obéir, à leur enlever leur juridiction. Au gouvernement de notre pays, il accorde les droits et les privilèges dont jouissait près de lui l'ancien régime, lui permet de nommer aux évêchés les nouveaux titulaires, et à l'avenir lui concède le même droit en réservant naturellement au Pape l'investiture canonique et en exigeant de la part des chefs d'État la profession de la religion catholique. De même, il oblige les évêques à soumettre la nomination des curés à l'agrément du pouvoir civil. Enfin, d'une condescendance admirable et d'une touchante générosité, il promet à l'État les prières publiques de ses fidèles et le serment de fidélité de ses évêques et de ses prêtres.

« En retour, l'État se montre peu reconnaissant des immenses concessions de l'Église. Dans le préambule du traité, il se contente d'affirmer que le catholicisme est la religion de la majorité des Français. A grand'peine, il assure un traitement convenable aux évêques et aux curés, restitue à l'Église les édifices religieux non aliénés nécessaires au culte, et déclare qu'elle a le droit de recevoir des fondations. Et, s'il reconnaît sa complète liberté et la publicité de son culte, il lui demande aussitôt de se conformer à des règlements de police par lesquels il prétend bien l'asservir »... [1].

De tout ce qui précède il nous est facile de conclure à l'UTILITÉ des concordats.

Certes, on ne saurait admettre que les concordats soient absolument nécessaires pour bien ordonner les rapports entre l'Église et l'État, même touchant le problème spécial des matières mixtes. Car cette nécessité ne s'imposerait qu'autant que les deux sociétés seraient mises sur le pied d'une parfaite

1. E. SEVESTRE, *Op. cit.*, p. 32 sq.

égalité juridique, et qu'ainsi toute solution de conflit deviendrait impossible autrement que par des concessions mutuelles et des conventions bien établies. Mais, nous le savons, l'Église jouit d'une véritable prééminence vis-à-vis de l'État qui lui est indirectement subordonné, en sorte que, absolument parlant, si l'application des principes d'indépendance respective des deux pouvoirs ne suffisait pas pour mettre fin à un conflit déterminé entre l'Église et l'État, le dernier mot devrait revenir à l'Église, à qui il appartiendrait de se prononcer avec autorité sur l'étendue de sa propre compétence et conséquemment aussi sur les limites de la puissance civile.

Cependant, si l'on ne peut en principe arguer de la nécessité absolue des concordats, on doit reconnaître à ceux-ci une réelle utilité tant pour l'Église que pour l'État. En effet l'Église y acquiert une protection légale et officielle, et surtout la paix et la liberté dont elle a si grand besoin pour l'accomplissement de sa mission. La société civile, à son tour, y trouve la fin de ces dissensions religieuses qui ont un contre-coup si nuisible et si douloureux même dans l'ordre politique et dans les affaires matérielles de la nation ; il s'ensuit aussi pour elle une amélioration très appréciable dans ses rapports avec la société religieuse, avec laquelle il lui est ainsi donné de concourir, dans la concorde et la paix, pour une même œuvre de solidarité aussi belle qu'importante, celle de l'éducation morale et sociale des citoyens.

II. — Nature juridique et force obligatoire des concordats.

Quelle est donc la NATURE JURIDIQUE et la FORCE OBLIGATOIRE des concordats ? Quelle est la valeur exacte de ces concessions que, de la part de l'Église, le Pape consent aux pouvoirs civils ? Question délicate dont nous allons maintenant essayer d'entreprendre la solution.

Nous avons d'abord affaire à l'erreur des régalistes et de tous les partisans de la suprématie absolue de l'État. Ceux-ci en effet n'admettent d'autre pouvoir public, souverain et indépendant, que le pouvoir civil: ils voient, dans l'État, le véritable et unique principe de toute personnalité juridique et de tout droit social, et, dans l'Église catholique, une simple association religieuse secondaire, subordonnée à l'État, une secte quelconque tolérée par le pouvoir civil auquel il appartient de définir quels sont ses droits et les limites dans lesquelles elle peut les exercer. « Bref [1], ils traitent l'Église comme si elle n'avait ni le caractère, ni les droits de société parfaite et qu'elle fût simplement une association semblable à toutes celles qui vivent dans l'État ». Aussi prétendent-ils que l'État ne saurait être, en vertu des concordats, engagé par quelque obligation de justice vis-à-vis de l'Église. D'où ils concluent que l'État peut casser et annuler toute convention solennelle conclue avec l'Église sous le nom de concordat, même sans le consentement du Saint-Siège et malgré ses réclamations. Or il n'est personne qui ne voie combien sont faux tous ces principes subversifs de la constitution divine de l'Église, puisque celle-ci, nous l'avons démontré, est une société juridiquement parfaite, pleinement indépendante de l'État, et même munie à son égard d'un certain pouvoir indirect.

Il est donc certain que dans les concordats avec le Saint-Siège, aussi bien que dans les traités internationaux, l'État se trouve lié par une obligation de justice, et, comme il ressort du texte de ces conventions, c'est à cette seule condition que l'Église entend accorder à l'État des droits et des privilèges auxquels, de par sa nature, il ne saurait prétendre.

1. Encycl. *Immortale Dei.*

Mais, en retour, quelle est la force de l'engagement pris par le Pape vis-à-vis du gouvernement civil ? Les concordats sont-ils de simples privilèges révocables *ad nutum* que le Pape accorde au pouvoir civil, et dont il demeure toujours le maître et le seul juge ? Ou plutôt ne sont-ils pas de véritables pactes ou contrats bilatéraux, obligeant l'Église et l'État au même titre de rigoureuse justice ? Telle est la question qui divise les catholiques.

Avant d'exposer les diverses opinions, il importe de bien établir les principes qui semblent devoir être hors de conteste pour tous les catholiques.

1º On ne peut assimiler exactement les concordats à des *traités internationaux* : car, dans les concordats, le gouvernement civil ne se met pas en rapport avec le Pape comme avec un prince étranger, et il n'est pas question de régler les intérêts de deux nations égales en droit et complètement séparées l'une de l'autre. Mais c'est comme pasteur de l'Église universelle que le Souverain Pontife intervient, pour régler les affaires religieuses intérieures de la nation même, avec laquelle il veut bien signer une convention. En outre, les concordats ne sont pas des *contrats synallagmatiques ordinaires* : dans ceux-ci en effet les personnes contractantes sont juridiquement égales, et, avant d'entrer en composition, elles ne se doivent à aucun titre les droits dont elles font un mutuel échange ; or il n'en est pas ainsi dans les concordats, où les parties contractantes ne peuvent être mises sur le pied d'égalité, puisque l'Église jouit 'en regard de l'État d'une véritable prééminence juridique ; de plus, tandis que l'Église, sans rien aliéner de ses pouvoirs, accorde cependant à l'État l'exercice de certains droits auxquels il ne pouvait prétendre, l'État ne fait que confirmer en faveur de l'Église des avantages auxquels il était déjà tenu.

2º Le Souverain Pontife peut et doit retirer les concessions et les privilèges accordés au pouvoir civil, si, en raison d'un changement de circonstances, ils viennent à tourner au grave détriment des âmes et au préjudice des droits essentiels de l'Église. Il lui est même loisible de faire valoir ce pouvoir sans le consentement de l'État.

3º D'autre part, si le gouvernement civil se montre infidèle aux clauses du concordat, il appartient à l'Église, ou de résilier la convention, ou d'en urger les obligations. Mais l'État ne peut lui-même rompre ses engagements sans le consentement préalable du Saint-Siège, même s'il estime que le concordat devient préjudiciable à ses propres intérêts; auquel cas, il doit s'entendre avec l'Église et négocier de nouveau avec elle.

4° Toutefois, de son côté, l'Église, elle aussi, est incontestablement tenue d'observer les dispositions du concordat qu'elle a approuvé. Or, de quelle nature est cette obligation ? Est-ce une simple obligation de convenance et de fidélité, étant donné que les concordats seraient des privilèges toujours révocables au gré de l'Église? Est-ce une obligation de justice, en admettant que les concordats soient de véritables pactes ou contrats ? Voilà où réside exactement le point de la controverse entre catholiques.

Dans une étude intitulée *Deux questions sur le Concordat de 1801* [1], un magistrat français,

---

1. Ces deux questions lui avaient été posées par BOUIX, le savant canoniste, dans la lettre suivante du 9 décembre 1870 : « Je viens vous prier de me dire votre pensée sur les deux questions que voici : 1° Le gouvernement de la Défense nationale a-t-il succédé au privilège concordataire de la nomination des Évêques pour les sièges vacants ? 2° Dans l'hypothèse qu'il ait succédé, le Saint-

M. Maurice de Bonald, discuta la thèse qui nous occupe, et soutint que le concordat n'est pas un contrat parce que « en ce qui touche les choses spirituelles, c'est-à-dire le gouvernement de l'Église, le Pape étant le maître ne peut rien aliéner, et le Prince étant sujet ne peut rien acquérir, sans quoi le pouvoir cesserait d'être Pouvoir et le sujet cesserait d'être Sujet » [1]. Il fut bientôt approuvé par le professeur Tarquini, devenu plus tard cardinal, qui déjà enseignait cette doctrine au Collège romain. A leur suite on vit se ranger un certain nombre de canonistes. Ainsi donc, d'après cette première opinion, les concordats « doivent pour l'ordinaire et régulièrement être comptés au nombre des *privilèges* ; de façon qu'on peut les définir : Des lois ecclésiastiques particulières faites par l'autorité du Souverain Pontife pour un État ou un Royaume, sur les instances du chef de cet État, et entraînant pour le Prince l'obligation qu'il a contractée de les observer religieusement » [2]. Qu'importe, disent ces canonistes,

Siège n'a-t-il pas le droit de retirer ce privilège, vu l'abus qu'en ont fait les gouvernements français depuis soixante-dix ans ? « (*Op. cit.*, p. 5).

1. *Op. cit.*, p. 12.

2. Tarquini, *Les principes du droit public de l'Église*, Bruxelles, 1868, p. 95 sq.

que le concordat revête la forme d'un traité? C'est l'objet de la convention qu'il faut regarder. Or il s'agit d'ordinaire de matières spirituelles, ou connexes avec les questions spirituelles, toutes choses qui ne peuvent, sans simonie, faire l'objet d'une convention. D'ailleurs le Pape peut-il, sinon par un *simple privilège* et *une concession toujours révocable*, aliéner des droits qu'il tient de Jésus-Christ et qu'il a mission de transmettre intacts à ses successeurs ?

Cependant, en dépit de ces raisonnements, nous préférons nettement l'autre opinion, qui peut revendiquer pour elle le sentiment assez commun des canonistes, tels que, parmi les anciens, Ferraris [1], Reiffenstuel [2], Gonzalez [3], Pichler [4], Bœckhn [5], Schmier [6], Pignatelli [7], etc., et parmi

1. *Prompta Bibliotheca*, vᵉ *Beneficium*, art. xi, n. 26 sq.

2. *Jus can. univ.*, lib. II, tit. v, n. 541.

3. *Dilucidum ac perutile Glossema seu Comm. ad reg. 8, Canc.*, gloss. xxvi, n. 5 ; gloss. xxviii, n. 11 sq.

4. *Summa Jurisprud. sac. univ.*, lib. III, tit. v, n. 71.

5. *Jus can.*, lib. III, tit. viii, n. 62.

6. *Jurisprud. can. civ.*, lib. III, tr. 1, p. 2, n. 238 sq.

7. *Consult. can.*, t. x, cons. 88, n. 1 et 2.

les modernes, Devoti [1], De Angelis [2], Moulart [3], Fink [4], Cavagnis [5], etc. Les concordats doivent donc être regardés, avec les réserves toutefois et les limites que nous avons établies plus haut, comme de vrais *pactes* ou *contrats*, entraînant pour les deux parties, pour l'Église aussi bien que pour l'État, une *obligation de justice*.

La preuve principale de cette seconde opinion nous est fournie par le texte même des divers concordats.

Examinons déjà la teneur du premier concordat qui nous soit connu, le fameux traité de Worms signé en 1122 par l'empereur Henri V et le pape Calixte II ; ne nous apparaît-il pas comme un véritable contrat basé sur des engagements réciproques : donnant, donnant ?

« Moi, Henri, *j'abandonne* à Dieu, à ses saints apôtres Pierre et Paul et à la sainte Église catholique toute investiture par la crosse et l'anneau ; je *concède* que, dans toutes les églises de mon royaume et de l'Empire, on procédera par élection conforme aux canons, et la consécration sera

1. *Instit, can.*, lib. I, tit. v, sect. i, § 12.
2. *Prælect. Juris can.*, lib. I, tit. iv, App.
3. *Op. cit.*, p. 568 et suiv.
4. *Op. cit.*, p. 158 sq.
5. *Loc. cit.*

libre. Quant aux domaines et aux droits réguliers de Saint-Pierre, qui ont été enlevés depuis le commencement de cette querelle, au temps de mon père et de mon temps, je *restitue* ceux que je détiens ; *j'aiderai* fidèlement le pape, afin que ceux que je ne détiens pas lui soient restitués... Dans toutes les occasions où l'Église romaine demandera mon appui, *je serai son allié fidèle.*

« Moi, Calixte, *j'accorde* que les élections des évêques et des abbés de Germanie qui dépendent du royaume aient lieu en ta présence, sans simonie et sans violence, afin que, si quelque dissentiment s'élève, d'après le conseil et l'avis du métropolitain et de ses suffragants, tu accordes ton approbation et ton appui au candidat le plus digne. Que l'élu reçoive de toi par le sceptre les biens et régales, sans exaction, sauf ce qui sera reconnu appartenir à l'Église romaine, et qu'il remplisse les obligations auxquelles il sera légitimement tenu envers toi de ce fait. Dans toutes les parties de l'empire, que l'évêque ou abbé consacré, reçoive les régales par le sceptre dans un délai de six mois, et qu'il remplisse les obligations qui en résultent. J'*accorde* une paix sincère à toi et à ceux qui ont été les partisans au cours de cette querelle » [1].

1. THEINER, *Codex diplom. dominii temporalis*, t. 1, 2.

Dans le concordat conclu avec François Ier, Léon X souscrit à cette formule décisive : « Nous consentons à l'accord fait par nous avecque nostre fils le roi François, et désirons que perpétuellement, inviolablement, il soit observé ; *voulons que le dict accord aye force et vertu de vray contract et obligation entre nous et le dict Siège apostolique, d'une part, et le dict roy et son royaume, d'autre ;* sans ce que par nous, noz successeurs ou le Siège susdict y puisse être aucunement dérogé par quelconques lettres et grâces esmanées ou à esmaner » [1].

De nouveau, le Concordat de 1801 entre Napoléon et Pie VII n'est guère moins explicite, quand il spécifie qu'il s'agit d'une « convention » et de « choses *convenues* de part et d'autre ». Aussi Portalis insiste-t-il sur ce point de vue dans son *Exposé des motifs* au Corps législatif, du 5 avril 1802 : « La convention avec le Pape, dit-il, parti cipe à la nature des traités diplomatiques, c'està-dire à la nature d'un véritable contrat ». De son côté, la *Commission ecclésiastique*, nommée par Napoléon en 1809, n'exprime pas un avis différent : « Le Concordat, proclame-t-elle, est un contrat synallagmatique entre le chef de l'État et le chef de l'Église, par lequel chacun s'oblige

____

1. Cf. ANDRÉ, *Dictionnaire*, v° *Concordat.*

envers l'autre. C'est aussi un traité public qui intéresse essentiellement la Nation française et l'Église catholique. Par ce traité, chacune des augustes parties contractantes acquiert des droits et s'impose des obligations »[1].

De tous ces textes, où se manifestent clairement les intentions des contractants et la fin qu'ils se proposent, il ressort que les concordats ont été négociés entre l'Église et l'État comme des contrats obligatoires.

A cette conclusion les déclarations des Souverains Pontifes apportent un nouvel argument qui n'est pas à dédaigner.

Ainsi le pape Jules III, dans la bulle *Decet* du 14 janvier 1554, où il agite la question des concordats de Germanie, atteste que ceux-ci revêtent le caractère obligatoire d'un pacte dont les dispositions ne sauraient être abrogées sans le consentement des parties contractantes.

Dans la constitution *Ecclesia Christi* qui confirme le concordat de 1801, signé avec Napoléon, pour l'Église de France, Pie VII, après avoir approuvé les concessions et conventions établies, ajoute : « De notre côté nous promettons et nous

____

1. DE PRADT, *Les quatre Concordats*, t. III, Append., p. 375. — Cf. BAUDRILLART, *Quatre cents ans de Concordat*, Paris, 1905, p. 36 sq.

prenons l'engagement, en notre nom et au nom de nos successeurs, d'observer sincèrement et inviolablement toutes les clauses stipulées ».

A son tour, Pie IX, dans une allocution consistoriale du 1er novembre 1850, appelle les concordats « des conventions solennelles faites à l'instar des traités internationaux ».

Enfin, sans vouloir multiplier davantage les citations, rappelons que Léon XIII, dans l'encyclique « Au milieu des sollicitudes », du 16 février 1892, qualifie le concordat de « *pacte solennel et bilatéral* ».

Là est donc la vérité. Sans doute, un concordat ne peut pas *en tout* être mis sur le même pied qu'un traité international ni même qu'un pacte bilatéral ordinaire ; il reste au fond une concession émanée de la puissance pontificale, et, si l'on veut, un privilège quant à son objet. Mais tout traité ne repose-t-il pas sur certaines concessions et sur des abandons de son droit ? De ce qu'on s'est dépouillé volontairement de l'exercice d'un droit, s'ensuit-il qu'on ait la faculté de le reprendre à volonté ? Aussi est-il juste de dire que le concordat participe à la nature d'un véritable traité bilatéral et d'un contrat synallagmatique, entraînant pour les deux parties une rigoureuse obligation de justice.

Cependant, comment le Pape peut-il s'obliger dans les concordats sans *aliéner* son indépendance, ni diminuer son autorité ? Une telle aliénation serait contraire à la nature même de la puissance pontificale ! Oui, sans doute. Mais, nous l'avons déjà fait remarquer, le Pape peut toujours, quand les intérêts de l'Église le demandent, abroger en toute indépendance les concordats. D'ailleurs « quel est le traité qui, les circonstances étant changées, ne puisse être revisé ? Et même quelle puissance humaine ne se réserve *in extremis* de dénoncer, en certains cas, un traité à ses risques et périls ? Une nation n'aliène pas sa souveraineté en traitant. Les divers gouvernements n'ont cessé de le répéter en ce siècle notamment en ce qui concerne les concordats. La seule différence, c'est qu'ici l'Église affirme que, dans ces cas *in extremis*, c'est pour elle un droit, tandis qu'il ne saurait y avoir contre elle de droit du côté du prince »[1]. Le Souverain Pontife peut donc, dans les concordats, concéder à l'État l'exercice de certains droits émanant du pouvoir d'autorité dont il lui appartient de modifier ou de modérer l'usage ; mais, son autorité elle-même, il la garde aussi complète et entière qu'il l'a reçue de Jésus-Christ.

<hr>

1. Baudrillart, *Op. cit.*, p. 39.

Le gouvernement civil, il est vrai, n'a pas le droit d'exiger les concessions et les privilèges qui, du côté de l'Église, constituent l'objet du concordat ; cependant le Pape, en les leur accordant, peut réellement s'obliger à les maintenir. Dès lors, il importe peu que, en ces matières, le Pape soit « pouvoir » et le gouvernement civil « sujet ». Et puis, dans les concordats, dans ces engagements mutuels et ces concessions réciproques de l'Église et de l'État, où aperçoit-on la *simonie ?* Quelle ombre de marché, de vente, d'achat y a-t-il en cela ? Quelle comparaison y établit-on entre la valeur des choses spirituelles qui sont la matière des privilèges accordés par le Pape, et celle des choses temporelles qui font l'objet des promesses du pouvoir civil ? L'État, à proprement parler, ne donne aucun objet temporel en échange d'aucun bien spirituel : il s'engage seulement et s'oblige par contrat à faire ce que déjà le droit naturel et divin lui imposait. C'est une obligation nouvelle ajoutée à une obligation ancienne et d'un autre genre [1].

1. Moulart, *Op. cit.*, p. 573 sq. ; — Laurent, *Op. cit.*, p. 217.

III. — Interprétation, revision et rupture des concordats.

Avant de clore cette étude, rappelons encore brièvement les principes de droit public chrétien qui doivent présider à l'INTERPRÉTATION et à la RUPTURE aussi bien qu'à la REVIS'ON des concordats.

L'interprétation et la rupture des conventions passées entre deux sociétés, absolument comme celles des conventions entre particuliers, doivent se faire, ou d'un commun accord, ou par un jugement légitime. Un tel principe doit d'autant plus trouver son application, à propos de l'Église et de l'État, que les rapports naturels de ces deux sociétés doivent être inspirés par une mutuelle amitié et une véritable entente cordiale.

Ainsi donc, pour ce qui regarde d'abord l'*interprétation* des concordats, si un doute vient à s'élever sur le sens et la portée à donner à telle ou telle clause dans certaines circonstances particulières, la question devra être résolue autant que possible par une entente amicale des deux parties contractantes, de l'Église et de l'État. Cependant s'il arrive que ce moyen devienne impossible ou inefficace, il appartiendra à l'Église, en vertu de son droit prédominant, de se prononcer avec autorité sur le différend, et, devant cette décision authentique, l'État sera obligé de s'incliner.

Quant à la *rupture* des concordats, — et nous devons en dire autant de leur *changement* et de leur *revision*, — elle devra être, elle aussi, le fait du consentement mutuel de l'Église et de l'État; d'après un axiome applicable à toute convention et à tout contrat, si du moins le droit divin n'est venu y apporter une restriction, comme pour le contrat de mariage : « Une chose peut être dissoute par ces causes-là mêmes qui ont présidé à son origine. *Per quas causas res nascitur, per easdem dissolvitur* ».

Cependant l'abrogation du concordat pourrait en outre avoir lieu à la requête d'une seule des parties, si l'autre contractant se montrait infidèle aux conditions stipulées d'un commun accord, ou bien si, par suite d'un changement de circonstances, la convention devenait d'une application impossible ou vraiment préjudiciable. Toutefois, dans ce dernier cas, la position réciproque de l'Église et de l'État ne serait pas identique. En effet, dans l'hypothèse où le concordat menace de porter un grave préjudice aux intérêts de la religion et des âmes, l'Église, à cause du droit prédominant qu'elle tient de l'excellence de sa fin, peut, en théorie et en principe, abroger la convention établie, même contre le gré du pouvoir civil ; pour celui-ci, au contraire, le droit d'obtenir l'abrogation ou la revision du concordat, quand les intérêts temporels de l'État se trouvent menacés, est rigoureusement subordonné au jugement de l'Église.

Mais, pratiquement, l'Église tient toujours grand compte des *desiderata* légitimes du Gouvernement civil pour ce qui touche l'abrogation des concordats, et elle reconnaît au chef de l'État, tout comme elle se reconnaît à elle-même, le droit de demander la revision d'un concordat, s'il le juge utile ; fidèlement aussi elle respecte, tant qu'elles subsistent, les conventions qu'elle a conclues, et, comme le disaient fort bien les évêques allemands dans leur instruction pastorale sur le concile du Vatican, en mai 1771, « on sait par expérience que ce n'est pas le Saint-Siège qui rompt les traités internationaux et les concordats » [1].

1. Cf. TARQUINI, *Op. cit.*, p. 100 sq. ; — CAVAGNIS, *Op. cit.*, p. 421 sq. ; — VERING, *Op. cit.*, p. 223 sq. ; — BAUDRILLART, *Op. cit.*, p. 38 sq.

TABLE ANALYTIQUE

LIVRE I
LES PRINCIPES

CHAPITRE PREMIER

La Société

CHAPITRE II

La Société parfaite

LIVRE II

LA FAMILLE. — LES ASSOCIATIONS

CHAPITRE PREMIER

La Famille

CHAPITRE II

Les Associations

LIVRE III

L'ÉTAT

CHAPITRE PREMIER

CHAPITRE II

CHAPITRE III

LIVRE IV

L'ÉGLISE

CHAPITRE PREMIER

L'Origine et la Mission de l'Église. Sa nature sociale

CHAPITRE II

Les Pouvoirs de l'Église

CHAPITRE III

La Constitution de l'Église

LIVRE V

L'ÉGLISE ET L'ÉTAT

CHAPITRE PREMIER

Rapports naturels

CHAPITRE II

Rapports concordataires 209

P. Lethielleux, Éditeur, 10, rue Cassette, Paris (6°).

EXAMEN CRITIQUE (*Suite*) :

II. **Principes théoriques des gouvernements modernes auxquels sont opposés les principes vrais.** L'auteur y traite : De la liberté, de la liberté de la presse, de la liberté de l'enseignement, du naturalisme, de la félicité sociale, de la division des Pouvoirs.

III. **Application pratique des principes.** Introduction et division. La nation modernisée. Abolition de l'organisme naturel, de l'unité sociale ; organisme factice, etc. La législature, la loi en elle-même.

IV. **De l'administration dans la pratique.** De l'administration ou de la richesse publique... dans ses théories... utilitaire, philosophique, catholique. Dans la pratique : économie à la moderne, c'est-à-dire spoliation de parti. Paupérisme, budget, économie dans les élections, dans les lois de finances. De l'armée : sa nécessité ; mais erreur et abus nés de l'idée protestante ; garde nationale ou civique... Du pouvoir judiciaire dans les constitutions modernes... Considérations générales... Indépendance ; inamovibilité ;... du jury ; publicité de la discussion dans les tribunaux, de l'adoucissement des peines. — Unité de tribunal. Abolition du for ecclésiastique dans les sociétés modernes. Epilogue de l'examen critique... Appendice ou examen de l'opuscule de M. le comte de Montalembert intitulé : Des intérêts catholiques au xix° siècle, 1852.

On le voit, même par ce sommaire très restreint, il n'y a point de grandes questions sociales ou politiques qui aient été oubliées par l'auteur. Et il les a traitées en maître, à la lumière de la théologie, de la philosophie, de l'histoire, à la lumière des événements dont il a été témoin.